你想通了嗎？

ARE
YOUR
LIGHTS
ON?

解決問題之前，你該思考的6件事

HOW TO FIGURE OUT WHAT
THE PROBLEM REALLY IS

唐納德‧高斯　　　傑拉爾德‧溫伯格————著　　　蘇耿弘————譯
（Donald C. Gause）　（Gerald M. Weinberg）

經營管理 70

你想通了嗎？：解決問題之前，你該思考的6件事

（原書名：真正的問題是什麼？你想通了嗎？）

作　　　　者	唐納德‧高斯（Donald C. Gause）	
	傑拉爾德‧溫伯格（Gerald M. Weinberg）	
譯　　　　者	蘇耿弘	
責 任 編 輯	林博華、文及元	
行 銷 業 務	劉順眾、顏宏紋、李君宜	

總　編　輯　林博華
發　行　人　涂玉雲
出　　　版　經濟新潮社
　　　　　　104台北市中山區民生東路二段141號5樓
　　　　　　電話：(02) 2500-7696　傳真：(02) 2500-1955
　　　　　　經濟新潮社部落格：http://ecocite.pixnet.net
發　　　行　英屬蓋曼群島商家庭傳媒股份有限公司城邦分公司
　　　　　　104台北市中山區民生東路二段141號11樓
　　　　　　客服服務專線：02-25007718；25007719
　　　　　　24小時傳真專線：02-25001990；25001991
　　　　　　服務時間：週一至週五上午09:30~12:00；下午13:30~17:00
　　　　　　劃撥帳號：19863813　戶名：書虫股份有限公司
　　　　　　讀者服務信箱：service@readingclub.com.tw
香港發行所　城邦（香港）出版集團有限公司
　　　　　　香港灣仔駱克道193號東超商業中心1樓
　　　　　　電話：(852) 25086231　傳真：(852) 25789337
　　　　　　E-mail: hkcite@biznetvigator.com
馬新發行所　城邦（馬新）出版集團 Cite (M) Sdn Bhd
　　　　　　41, Jalan Radin Anum, Bandar Baru Sri Petaling,
　　　　　　57000 Kuala Lumpur, Malaysia.
　　　　　　電話：(603) 90578822　傳真：(603) 90576622
　　　　　　E-mail: cite@cite.com.my
印　　　刷　一展彩色製版有限公司
初 版 一 刷　2005年4月1日
二 版 一 刷　2010年6月8日
三 版 一 刷　2017年6月8日

城邦讀書花園
www.cite.com.tw

ISBN：978-986-94410-6-3　　　　　　　　　版權所有‧翻印必究

售價：320元　　　　　　　　　　　　　Printed in Taiwan

〈出版緣起〉
我們在商業性、全球化的世界中生活

經濟新潮社編輯部

　　跨入二十一世紀，放眼這個世界，不能不感到這是「全球化」及「商業力量無遠弗屆」的時代。隨著資訊科技的進步、網路的普及，我們可以輕鬆地和認識或不認識的朋友交流；同時，企業巨人在我們日常生活中所扮演的角色，也是日益重要，甚至不可或缺。

　　在這樣的背景下，我們可以說，無論是企業或個人，都面臨了巨大的挑戰與無限的機會。

　　本著「以人為本位，在商業性、全球化的世界中生活」為宗旨，我們成立了「經濟新潮社」，以探索未來的經營管理、經濟趨勢、投資理財為目標，使讀者能更快掌握時代的脈動，抓住最新的趨勢，並在全球化的世界裏，過更人性的生活。

之所以選擇「**經營管理─經濟趨勢─投資理財**」為主要目標，其實包含了我們的關注：「經營管理」是企業體（或非營利組織）的成長與永續之道；「投資理財」是個人的安身之道；而「經濟趨勢」則是會影響這兩者的變數。綜合來看，可以涵蓋我們所關注的「個人生活」和「組織生活」這兩個面向。

　　這也可以說明我們命名為「**經濟新潮**」的緣由──因為經濟狀況變化萬千，最終還是群眾心理的反映，離不開「人」的因素；這也是我們「以人為本位」的初衷。

　　手機廣告裏有一句名言：「科技始終來自人性。」我們倒期待「商業始終來自人性」，並努力在往後的編輯與出版的過程中實踐。

推薦序一

你想通了嗎？

——如何洞悉問題的本質

杜書伍

　　不論是個人生活或經由媒體報導，我們經常感到生活中無處不是問題，令人心煩不已。解決問題確有其法，不過，當我們冷靜、深入了解問題的根源後，會發現看似多如牛毛的問題中，其實潛藏著許多「虛假」的問題。

　　何謂虛假的問題？在社會富足、資訊爆炸的今天，資訊豐富到令人眼花撩亂，訊息變化快過思慮下，對事物判斷易趨淺薄。然而，多元化社會同時帶來個人意識的抬頭，人們較過去更難忍受引發個人不快的事物；當個人期望與實際結果產生落差時，失望情緒也愈發強烈。個性激進者，甚而會將原來只影響少數個人的問題，透過媒體等各種管道擴大渲染為公眾利益問題，影響其他不相干的人形成一股力量，要求被認定為「應該對問題負責的人」出面解決，若未順其意

即擴大事端。因此，面對問題前，先冷靜思考其為真問題或假問題，才不致陷入虛假問題的陷阱而不自知，並能專注解決真正的問題。

釐清問題的真實性後，面對真正的問題時，須有一個認知：甚少問題能以單一方案解決，而須由不同面向，分頭淡化問題。以書中的雷龍大廈電梯不足導致房客串聯抗爭的案例而言，解決問題的方案除了分樓層使用不同電梯、分散上班時間等有形的規定外，還須搭配無形做法，譬如公布電梯承載量分配圖、提供充足的資訊給房客、引導不同屬性房客自動避開尖峰時間等。這些不同面向的解法，單獨使用都只能解決局部問題，但配套提出後，卻能大幅降低問題的嚴重性，到一可接受的範圍內。

企業經營時時刻刻都面臨問題的發生與解決，在問題解決的過程中會發現，現實生活中並沒有可「百分之百」被解決的問題。誠如書中所言：「每一個解決方案都是下一個問題的根源」，一個有利於某面向的方案，代價往往是犧牲另一面向的利益。因此，如何透過溝通、妥協（compromise）的過程，尋求最適（optimized）的解法而非完美的解法，將問題的衝擊降到多數人可接受的範圍內，即為好的解決方式，否則反而可能適得其反，滋生新的問題。

　　本書運用淺顯易懂的案例，引導讀者去看一群人在解決問題的過程中，易因自利、誤解等因素而使問題被放大的過程，讓讀者以旁觀者的角度，體會到問題產生的可笑，從而思考自身如何避開此一陷阱。《你想通了嗎？》是一本既輕鬆、又可幫助自己認知問題的本質、思考問題解決技巧的好書。

　　　　　　　　（本文作者為聯強國際集團總裁兼執行長）

推薦序二
人們面對問題，究竟該如何解決？

李紹唐

　　有句話說：有人的地方就有問題。

　　的確，當人如同動物只有生存問題那麼簡單時，世界上的問題，或許會相對減少許多。

　　面對人世間林林總總的複雜問題，每個人多少因為生命經驗的越加豐富，而練就一套個人獨特的應對法則。但是我們通常也都會感覺到，問題似乎永遠解決不完，眼前的問題剛破解，新問題立刻接踵而來。

　　在社會行走的這二十多年來，個人深刻體會到一件事——凡事要先有面對的「勇氣」；其次是養成「洞見」的能力（也就是運用感官能力，透析事物的一種能力）；再來才是在最短的時間內想出「應對」的解決方案。

　　一個人如果沒有勇氣面對現實的問題，換句話說他是採取了逃避的態度在處理事情。而逃得了一時，逃不了一世，

這是大家都了解的道理。因此不如打從一開始就養成面對問題的勇氣來得直截了當。

如果我們能夠將問題完整全然的參透，那麼還沒冒出來的老問題，就不會成為不預期的定時炸彈。所以養成洞見的能力，是全面性面對問題的避雷針。

一個好的問題，或者說一個棘手的問題，通常也會是幫助你成長的最佳利基。如果你能在解決一個問題的過程中發現新的問題，那麼，你解決問題的能量就會又提升了一級。一個好問題的特徵就是：它能「衍生出新的問題」。

誠如《你想通了嗎？》（*Are Your Lights On?*）書中所說的：「每一個解決方案，都是下一個問題的根源。某些問題最難處理的地方，就是去意識到它們的存在。」能夠完全洞悉「問題的本質」，任何問題都能迎刃而解。

其次，面對問題、解決問題最忌諱的就是「鑽牛角尖」以及「將錯就錯」。

書中還提到：「問題解決的新手往往會想立刻找出解決方案，而忘了先花點時間去定義要解決的是什麼問題。即使是較有經驗的老手，外部壓力也常使他們必須在匆忙之間解決問題。當他們這麼做了之後，通常的確會跑出許多解決方案，不過卻不一定適合手上的問題。當每個人都為了自己偏

愛的解決方案在極力爭取時，往往認為其他人怎麼這麼冥頑不靈，因此反而無法接納不同的觀點。」

《你想通了嗎？》一書提出許多幫助讀者面對問題、思考問題、解決問題的實用秘方。期望看完本書，讀者除了心領神會之餘，都能成為一位解決問題的「威廉泰爾」。

（本文作者為前甲骨文台灣分公司總經理）

譯者序
有問題？沒問題！

蘇耿弘

　　每個人每天都會碰到大小不一的各種問題。問題可能來自於你的工作、你的老闆、你的同事、你的家庭、你的朋友、你的另一半、甚至是來自陌生人，當然還可能是來自於你自己。問題接二連三的出現總是破壞了我們一天的好心情，面對這種情況，你可能會選擇到海邊散散心、找三五好友小聚發洩、換一個工作環境、甚至改改家裏風水，然而，現在你有了別的選擇，那就是參考一下這一本「問題解決經典」。

　　本書最早在1982年第一次發行，現在，已經成為問題解決領域的一部經典。在這本神奇的小書裏，作者利用一則則精心設計的小故事，點醒我們各種類型問題發生的真正原因，以及處理這些難題的關鍵思維。

　　以第一則故事「雷龍大廈的電梯問題」為例，當面對：

（1）員工們抱怨在雷龍大廈等電梯總是浪費太多時間。

（2）房東對員工們的抱怨感到十分不耐，並決定採取視而不見的策略。

（3）向房東承租辦公室的老闆們則是憂心，如果紛爭再不解決，這群員工即將組織工會進行大規模的抗議。

的棘手情況，作者提醒我們，解決問題的第一步是去確定「誰是問題的擁有者」。

　　大多數人遇到問題時，總是反射性地把自己當成是問題的擁有者，只從自己的角度去看待問題，並急著以自認為合適的方法去解決，當然，結果往往都是不如預期，甚至衍生出更多的麻煩來。因此，作者才會在本書的一開頭就先提醒我們，為了確保自己解決的是真正的問題，你應該先找出「誰是問題的擁有者」。

　　同時作者又提醒我們「問題往往來自於期望和感受之間出現落差」。這恰巧點出了「問題為何總是層出不窮」的最大原因——只要人們實際的感受和原先心中的預期出現落差，問題就會隨之浮現。

　　讓我們試著以實際的職場生態來驗證作者的這項觀察。在職場上，老闆給予員工資源並期望得到對應的工作成果，

員工努力工作並期望得到老闆對應的讚賞,這一切看起來似乎沒有什麼問題,不過,當員工的工作成果和老闆的預期有了落差,問題就會隨之出現。

對老闆來說,他的問題是:「為什麼已經給了下屬那麼多的資源卻得不到符合預期的成果?」對員工來說,他們的問題則是:「為什麼自己那麼努力卻得不到上司的肯定?」

更糟糕的是,也許老闆會開始懷疑,員工到底有沒有專心在工作上;員工們也開始懷疑,也許不管自己再怎麼努力也無法得到上司的肯定。如果老闆這麼想,那麼他解決問題的方法,可能會是加強對員工上班作息的監控;如果員工這麼想,那麼他解決問題的方式,可能會是乾脆不要那麼用心在工作上。然而,實際上並非是員工不努力,也不是老闆吝於獎賞,真正的問題不過是「期望與感受之間出現了落差」罷了。

如果員工能在一開始先釐清老闆的期望,而老闆也在一開始就把自己的期望清楚表達給員工知道,那麼,員工自然會把力氣花在符合老闆期望的工作上,當老闆得到符合預期的成績,自然也就會給予員工對應的肯定,此時,問題也就自然不存在了。

回到「雷龍大廈的電梯問題」上,面對「期望和感受之

間出現落差」的情況，作者提醒我們一個重要的問題解決技巧——除了可以試著說服別人修正他們的期望，事實上還可以試著改變他們的感受。這技巧的關鍵在於，要別人修正期望通常很困難，藉由改變他們的感受來解決問題有時反而容易。為了讓讀者深刻體會這個技巧，雷龍大廈的電梯問題就是透過「改變員工搭乘電梯的感受」而巧妙地解決。有關當中的精采情節，就容我在這邊先賣個關子。

「雷龍大廈的電梯問題」不過是本書眾多精采故事當中的一個。在本書的其他章節還描述了許多和問題解決有關的精采故事及解決問題的關鍵思維，像是——

（1）不要把別人解決問題的方法，當成是問題的定義。

（2）你永遠無法確定自己是否已經取得了正確的問題定義，即使問題已經被解決了。

（3）每一個解決方案都是下一個問題的根源。

（4）不要急著幫別人解決問題，當他們自己就可以處理得很好的時候。

（5）如果一個人是因為職位而被迫處理和他無關的問題時，你要做的就是——讓他和問題也產生關係。

（6）不管看起來如何，人們其實很少真正知道他們需要的是

什麼，直到你給了他們要求的那些東西。

（7）魚，總是最後一個看到水的……等等。

身為本書譯者，如果您問我這本書最大的價值何在，我想我會告訴您，它絕對是問題解決領域不可錯過的一部經典好書。它的內容精煉到您利用等待電梯的時間就可以把所有問題解決的關鍵思維整個回想一遍，同時，它的字字珠璣又足以讓您在電梯門打開準備上班時，能夠面帶微笑迎接所有即將出現的問題和挑戰。不相信?!試試看吧！

目錄 c　　　o　　　n　　　t　　　e

n t s

目錄 c　o　n　t　e

本書要獻給我們各自親愛的太太，
在這次愉快的執筆過程中，
她們當中有一位必須容忍我們，另一位則不必。
不確定這樣安排，對她們當中的哪一位比較好。

序言

問題：沒有人會讀序言。

解決方案：直接把序言叫做第一章。

解決方案所帶來的新問題：第一章會變得很無趣。

決議：把這個第一章扔了，然後把第二章改成是第一章。

第一章
問題是什麼？

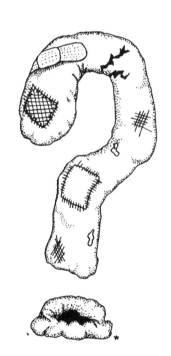

1 一個問題

在紐約市金融特區的中心地帶佇立了一棟閃閃發亮、73層樓高的新大樓——雷龍大廈（Brontosaurus Tower）。雖然大廈內還有部分樓層沒租出去，不過，大廈的電梯服務卻已經無法負擔現有的辦公人潮了。大廈內某些承租單位甚至放話說，如果電梯服務再不改善，他們就要馬上搬離這裏。

底下是和雷龍大廈有關的一些資訊：

（1）大廈裏大部分公司的辦公時間都集中在早上九點到下午五點之間。

（2）幾乎所有在這棟大樓上班的人，都是從事和金融相關的工作。

（3）各公司平均分布在73層樓中的不同樓層，因此電梯的使用率相當高。

（4）房東為了把剩餘的辦公室都租出去，又花了許多錢到處刊登廣告。

（5）在金融業這個封閉的小圈子裏，各種不好的消息傳遞得像閃電一樣快。

遇到這種情況，你該怎麼做？

一大堆想法突然在腦海中湧現，比方說：

（1）加快電梯的速度。

（2）在大廈裏裝設新的電梯來紓解人潮。

（3）從大廈外裝設新的連接電梯。

（4）把各公司的上下班時間錯開，分散到不同的時段。

（5）把所有公司集中在某些樓層，以減少電梯的載客次數。

（6）限制進入大廈的人數。

（7）換掉現在的電梯，以二到三倍大的電梯取代。

（8）在大廈的各樓層設置更多的服務措施，以減少樓層之間

的電梯往返。

（9）參酌員工和快遞人員的電梯使用現況，重新設定電梯的運作排程。

　　按照我們生來總是急著解決問題的天性，我們大多會一下子就跳進解決方案裏頭。然而，比較聰明的做法也許是在作答之前，先釐清一些問題再說。有哪些問題該釐清呢？

　　誰有問題？問題**是**什麼？或者，在這個情況下，什麼才是**一個問題**？

　　讓我們先來想想：「這是誰的問題？」透過這樣的思考可以幫助我們：

（1）確定誰是問題的擁有者？換句話說，誰必須被取悅？

（2）建立起導引我們找到合適解決方案的線索。

在我們前一個的解決方案列表中，內容看來雖然有些分歧，不過，其中有一個相同的立足點，那就是電梯的**使用者**就是問題的擁有者。

　　但是，如果我們改採房東迪歐傑尼斯・梁龍（Diogenes Diplodocus, Diplodocus原意為梁龍，是恐龍的一種）先生的觀點，把他當成是我們的客戶，那麼，我們將發展出另一個截

然不同的列表，像是：

（1）把房租提高，如此一來，只需租給較少的承租戶就可以清償貸款。

（2）說服所有承租戶，正**因為**電梯的狀況如此，所以其實雷龍大廈是個難得的可以放輕鬆的工作環境。

（3）說服所有承租戶，他們應該給自己更多機會運動一下，比方說，建議他們多爬樓梯不要搭電梯，同時在大廈人潮較多的路線張貼「爬一層樓等於消耗多少卡洛里」的海報。

（4）把整棟大廈燒了，換取火險的理賠金。

（5）控告大廈的建商。

（6）鼓勵大家偷用隔壁大樓的電梯。

比對前面的兩個列表，不需太多時間我們就可輕易看出兩者的立場顯然不同。這種差異提醒我們，不要只是急著找出解決方案，而是應該先確定：

問題是什麼？

　　問題解決的新手往往會想立刻找出解決方案,而忘了先花點時間去定義要解決的問題是什麼。即使是較有經驗的老手,外部壓力也常使他們必須在匆忙之間解決問題。當他們這麼做了之後,通常的確會跑出許多解決方案,不過不一定適合手上的問題。當每個人都為了自己偏愛的解決方案而極力爭取時,往往認為其他人怎麼這麼冥頑不靈,在這種心態下,人們往往無法接納不同的觀點。

　　不是每個問題解決團體的發起人都忘了應該去定義問題。有些災難是導因於太過拘泥於定義問題,因為擔心定義有所誤差,反而**忘了**應該鼓起勇氣追尋解決方案。

　　事實上,我們無法為日常、自然產生的所有問題,給予單一、獨特、完全清楚的定義陳述。另外,如果對問題沒有**一些**基本的常識,那麼,解決方案通常會對應到**錯**的問題上。這種情況常發生在那些說話特別大聲、講話特別有份量、或最有錢的人的身上。

　　對於想要成為問題解決者(problem solver)的人來說,他們的問題就是解決別人的問題。對他們來說,最好一開始就有**把齒輪的數目從一個變成多個**的心理準備——將自己從「一個問題的解決者」轉變成「一組問題的解決者」。如果你覺得這很繞舌,那麼還可以改稱作「多問題的解決者」。

為了練習這種心念上的轉變，問題解決者應該在開始解決問題之前，先試著釐清底下這個問題：

誰有問題？

並接著對擁有問題的每一個人，問說：

你認為問題的本質是什麼？

2 信差彼得的請願書計畫

如果以上班族的觀點來看,雷龍大廈的問題可以解讀成:

> ### 我該怎麼做才能以最少的時間和精力,
> ### 走完每天必經的工作路線?

而對於房東梁龍先生來說,問題則可能被解讀成:

> ### 我該怎麼做才能擺脫這些該死的抱怨?

如果兩方(還是三方?)不能坐下來談一談,那麼要有一個雙方都滿意的解決方案似乎是不可能的。儘管前景不樂觀,不過,還是必須有個有效率的問題解決者,先促成一次會議再說——不管會議最後是否能夠達成共識,至少,先把這些人聚集起來。

為了引起梁龍先生對「問題」的重視,一位在雷龍大廈,吹毛求疵財務信託公司(Finicky Financial Fiduciary,簡稱3F公司)工作的發信差彼得‧皮根霍爾(Peter Pigeonhole)

決定發動一項請願書計畫。利用信差的職業特性，他光在3F公司就蒐集到為數可觀的簽名。此外，透過和其他樓層信差的交情，他順利擴展了這份名單。

彼得希望盡量多蒐集一些簽名，因為，梁龍先生最**不願**看到的就是，請願書上滿滿的簽名。因為對梁龍先生來說，**消除**眼前所有的抱怨是他的問題。如果抱怨沒有被清楚記錄下來，只是在耳語流傳，那麼，只要故意忽略就沒事了。誰知道？也許時間一久，問題自然就消失不見了！基於這個想法，當梁龍先生收到附有24份簽名的請願書時，他決定什麼都不做。更正確的說法是，他退回了請願書，並在上面註明「收信人拒收」。

想藉由退回請願書來軟化信差的送信意志，就像想藉由搖動俄國旗幟來改變資本主義者的信仰，都是一樣不切實際。這麼做只是惹惱了這群請願者。為了報復，他們決定採取更進一步的行動。（現在，他們想到了一個點子！）

於是他們推派了一群代表，請這些人親自打電話跟梁龍先生聯絡，不過，梁龍先生還是繼續沿用他的不理睬策略來解決**他**的問題，他告訴祕書，如果是這些人打電話來找他，一律回答「不在！」

如果梁龍先生以為他的策略可以一直奏效，那麼，他就

太小看這群信差出身的請願者，矢志達成任務的意志力了。經過策略的沙盤推演，這群人決定直接前往梁龍先生位於史卡斯戴爾莊園（Scarsdale Estate）的住所拜訪。為了確保到時候訊息能充分傳達，他們還特別帶了四張抗議牌、三個臭氣彈以及兩位外勞。當梁龍太太開始對著梁龍先生大吼大叫的時候，問題已經無法再視而不見了。

在和員工代表短暫的討論之後，梁龍先生同意聘請一家顧問公司來分析問題，同時，員工代表也同意取消史卡斯戴爾莊園的抗爭行動。這樣，對梁龍先生來說，眼前梁龍太太的問題算是解決了。

不過，時間一分一秒過去，員工們卻絲毫感覺不到事情有任何進展──連個顧問的影子都沒看到。不是應該會有些留著短髮、戴著領結的傢伙，拿著附有紙夾的筆記板到處走來走去問問題嗎？至少梁龍先生應該請他的外甥，拿著計算機在雷龍大廈裝模作樣一番才對呀。

經過明查暗訪後，皮根霍爾發現，梁龍先生根本沒有真的要雇用任何顧問公司。因為員工們無法負擔每天到史卡斯戴爾莊園抗議的旅費，所以他們決定採取另一個新的策略。

利用他們信差的職業特性，這群員工開始對外散佈一個謠言：「如果電梯服務再不改善的話，美國勞工協會

（American Congress of Labor，簡稱ACL）即將把雷龍大廈的勞工組織起來，成立雷龍大廈勞工協會。」在此以前，向雷龍大廈承租辦公室的管理階層，從不覺得電梯在使用上有什麼問題。**這些人**可能每天一大早就來上班，然後待到很晚才下班；或者，很晚才到公司，又提早離開。而且，大廈的各個樓層，早就有一些小巧精緻、非開放的休息室，供這群男性管理高層使用（雷龍大廈裏並沒有女性的管理高層）。

當「美國勞工協會即將把雷龍大廈的勞工組織起來」的謠言傳到管理階層的耳裏，他們的背脊突然不自覺地抽動了起來。從此時此刻開始，問題已不再專屬於房東和員工代表了──公司管理階層成了擁有問題的**第三方**。為了避免謠言成為事實，管理階層於是開始游說擁有問題的第二方──房東。

直到剛才，房東和員工代表對於問題的看法一直沒有交集。甚至聽不進對方的一字一句。不過此刻開始，我們似乎看到事情可以有些進展了。當問題圈裏，有兩方同時因為問題沒有解決而感到痛苦的時候，我們知道，問題最終一定可以找到解決方案。

美裔印地安人把這種問題解決技巧稱為──「穿著別人的鹿皮軟鞋走路。」（walking in the other person's moccasins.）

特別是當鞋子是以濕潤的生牛皮製成的，在它開始慢慢變乾的時候，穿在腳上會感到特別合腳而且舒服。

到目前為止，我們還是無法預測，最終問題會**如何**被解決。雷龍大廈租戶的律師們可能會終止和房東的租賃契約。房東可能會賠本把大廈賣掉，並且／或者從大廈頂樓往下跳。雖然這樣的做法又會產生新的問題，不過，可以確定的是：這麼一來前面的問題將就此消失。

先撇開上面太過激進的做法，假設，每一個問題擁有者的頭腦都很冷靜，都會理性地解決問題。房東和律師代表們決定先開一個會，確認問題的本質到底為何。屈服於美國勞工協會即將介入的謠言，到了最後一刻，他們只好勉強同意讓一位員工代表參與會議。在會議上，一陣故作姿態之後，大家都體認到，自己需要取得更多的資訊。

梁龍先生曾經試著忘記員工過去所進行的各種抱怨，然而，在他心中還是很難抹去「這群員工是天生的抱怨者」的印象。

管理階層從未花費足夠時間去仔細思考問題。對他們而言，這根本是個膚淺的問題，真正令他們困擾、厭惡的是各種的勞工組織。

對於員工代表而言，他們十分希望能夠「給房東一點教

訓」，執著於這樣的意念，他們甚至忘了原先只是希望電梯服務能夠有所改善的初衷。

有關會議的細節我們不再多作描述，在此，我們要說明的是，透過會議我們得到了來自三方的意見回饋：

（1）房東並不滿意，因為他不斷受到騷擾。

（2）承租的各公司高層並不滿意，因為他們的員工不高興，還有就是勞工即將組織工會的威脅。

（3）員工們並不滿意，因為房東總是對於他們的訴求視而不見，另外，惡劣的電梯服務同樣令他們感到憤怒。

從上面的觀點來看，現在問題至少有**三個**。

就算從不同的角度切入，問題還是有三個：

（1）我們該如何確定「哪裏出了錯？」

（2）**是**什麼錯了？

（3）該怎麼處理它？

第一個問題很快就能解決。皮根霍爾被任命找出問題到

底是什麼。他將會找出一個三方都能接受的問題定義。為了
這個任務,3F公司決定放他一個月的假。這是對他接手任務
的一個獎勵——現在,這是**他的**問題了。

如果你穿著彼得·皮根霍爾的鹿皮軟鞋,
你會怎麼做?

3 你的問題是什麼？

你是否曾經發現，手上的事情並非如你預期的發展，於是，你喃喃自語說：「天呀，又出問題了嗎？」大多數人都有這樣的經驗，甚至有些人是天天如此。他們感受到的困難就是事情的進展和「他們原先的預想」——事情**應該**的發展方向——出現了落差。當你有了這樣的感受，很自然你會發出「天呀，又出問題了！」的聲音——因為，問題就是來自這樣的落差：

> 問題往往來自於
> **期望**
> 和
> **感受**
> 之間出現了落差

如果你現在把視線從書本上移開，環顧四周，你應該可以列出一打甚至是上百個「對於事情的期望和感受有落差」

的例子。真的，何不試試看呢？

　　假設你剛享受完一頓豐盛的晚餐，安坐在一張你覺得最舒服的躺椅上，翻開這本書，剛好看到這個地方。此刻，你沉醉在幸福的情緒裏，根本想不到有什麼「問題」，更不要說列出上百個問題了。不過，如果你把自己的敏感度往上調，也許你會發現到以下期望和感受出現落差的情況：

感受	期望
現在坐的這張椅子破了個洞	一張新的名牌椅子
孩子們太吵了	安靜的孩子們
你的腳有點疼	更舒適的鹿皮軟鞋
屋子裏太冷	暖和一些的屋子
屋子裏太熱	涼爽一些的屋子

　　上面這個列表的前三項問題，都可以透過一個古老而有效的方法——「忽略這個問題」來解決。這個方法其實就是降低我們的敏感度。如此一來，我們就不會覺得，事情的發展和我們的預期有任何的落差。此外，屋裏太冷的問題，現在你感受到了，最可能的解決方式是調高恆溫系統的溫度，或者，因為最近大家都喊「能源危機」，所以你決定多穿件毛線衣來禦寒就好。

　　但是，假設你看到恆溫裝置顯示，屋內現在的溫度是25℃（77℉）──對任何「正常」人來說，這樣的溫度是很溫暖的。此時，你還覺得有問題嗎？當然有，只要你感受到的溫度和你預期的不一樣。而且，即使你看到了心中的「目標」溫度，你還是不會因此而覺得暖和──除非，你看了之後就能說服自己真的感覺變溫暖了。在這種情況下，我們可以把溫度問題看成是個**幻覺問題**（phantom problem）──一種因為感受而產生的不適感。

　　但是，請注意：

幻覺問題都是真正的問題。

　　當你知道屋內的溫度已經是25℃，然而自己還覺得冷，此時，你開始懷疑「自己是不是生病了？」你可能到床上躺一躺，或者吃顆藥，或者喝杯水，或是跟你的家庭醫師預約看診時間。

　　不管你採取哪一種方法，原先「溫度太低」的問題現在已經變成：「為什麼我會覺得溫度太低？」或者「我身體出問題了嗎？」

　　「是的，沒錯，」你坐在破舊的椅子上喃喃自語著：「我的孩子們正不斷敲打牆壁，我的腳也痛得要命，甚至，暖爐

好像也出了些問題。現在，我已經沒有太多時間可以浪費，絕不能現在就把書放下，除非我知道雷龍大廈的電梯問題最後到底是怎麼解決的。繼續下去！繼續讀下去！」

非常好，接下來，我們把主題轉回到彼得・皮根霍爾。他正在閱讀一本和問題解決有關的書籍——從書中他學到：

問題往往來自於

期望

和

感受

之間出現了落差

當得到了這個深奧的見解（對一個信差來說，這道理是深奧的）之後，彼得把注意力轉回到雷龍大廈的問題上。他理解到，大家**期望**的，是較短的等待電梯時間。而實際**感受**到的，是太長的等待時間。

如果從這個角度來分析，那麼問題其實可以透過修正期望或改變感受來解決。比方說，他可以去縮減實際等電梯的時間，或者，讓時間**感覺好像**變短了，來改變大家的感受。就在彼得有了這樣的想法的同時，他在書中剛好看到一個類似的例子。在這個例子裏，員工時常為了趕著下班，在往樓

下衝的時候受了傷。最後，問題是透過在每個樓層裝一面鏡子來解決。為了不失體面，員工在經過時會確認一下自己的服裝儀容，因而減緩往出口狂奔的速度。

「也許，」彼得認為：「一個類似的設備也許可以解決我們的問題。」雇主很高興聽到彼得即將有所行動的訊息，因為，在他不在的這段時間，信件的收送一直很不順暢。梁龍先生也十分爽快地答應在每層樓的電梯旁裝上一面鏡子——畢竟這個方法不用花多少錢。就在這麼做之後，抱怨真的一下子就減少許多，彼得獲得主管大大的稱讚，小小的加薪，以及郵差辦公室的一張舊辦公桌。

唉，可惜，現實的紐約市和書裏的純淨世界還是不太一樣。沒過多久，那些無所不在的「汪達爾人」（譯註：汪達爾〔vandals〕是過去破壞羅馬文明的日耳曼民族，作者在此是引伸為專門破壞文化、藝術的人）發現，雷龍大廈的鏡子比凡爾賽宮還要多。於是，幾個禮拜之後，彼得又被指派了一項特別任務——負責解決鏡子上的塗鴉問題。

無法忘懷前一次利用書本知識解決問題的致命吸引力，彼得在接手新工作的同時，又開始研讀另一本和問題解決有關的書。在這次的閱讀中，他又學到一個新的問題解決思維，那就是透過「把問題弄得更糟」來找出問題的解決之

道。「啊哈！」他突然想到，「問題並不是出在塗鴉上，而是因為塗鴉內容的拙劣以及缺乏想像力。只要能讓他們把腳步放緩，到底是為了照鏡子或是為了塗鴉，又有什麼區別？只要他們沒有注意到電梯是多麼的緩慢就行了。」

於是，彼得建議在每個樓層的鏡子旁都附上蠟筆（當然有加上鍊子繫在牆上）。現在，大家在等電梯的時候，都可以用他們偏好的風格在鏡子上作畫。彼得再次得到了老闆的讚賞以及再一次（比上次還少）的加薪。最後，他回到辦公室，再次享受到解決問題的重大勝利。

隨著這些事一件件發生，時間也一天天過去。不知不覺，就到了雷龍大廈啟用一週年的紀念日。為了遵守紐約市的法律，上升（Uplift）電梯公司在某個早晨，派了維修人員到雷龍大廈進行例行性的年度電梯檢修。

當他們看到一大群員工堵在大廳，手上拿著蠟筆，他們發現**他們**所感受到的和**他們**原先想像的有些落差。他們的專業受到了質疑，畢竟他們公司的標語是：

Uplift電梯公司的用戶絕不需要等電梯
（Nobody Waits For A Lift Up From Uplift）

「一定是控制器的某個地方出了問題，」其中一位維修人

員對另一位說道：「上升電梯公司的電梯如果運作正常的話，絕不可能會讓大家擠在電梯前面苦等。」

於是，維修人員開始尋找到底是哪裏出了問題。你瞧！他們發現有隻老鼠卡在電梯的主控箱裏，就在電梯剛裝好的那一天。這隻老鼠曾經奮力想咬出一個出口，不過，最後牠還是被困在繼電器裏。得到的回報是高達240伏特的電壓，這不但使牠免於慢慢餓死的痛苦，同時，也讓牠和繼電器永遠地結合在一起。把老鼠從電梯移除是一項簡單——但是有些噁心——的工作。當老鼠被清理掉之後，維修人員再次檢查了電梯，他們發現電梯已經恢復了原先應有的水準。

就在準備離開的同時，維修人員打了通電話給房東梁龍先生。他們把老鼠放到梁龍先生的桌上，並且傲慢地說道：「就算你不能保持大廈的環境整潔，當下次你發現電梯的運行速度異常緩慢時，你至少可以通知我們來檢修一下吧？難道你不擔心，這麼差勁的電梯服務會讓你少了很多承租戶嗎？」

「好吧，」梁龍先生想著，「至少，他們把問題永遠解決了。」今天早上剛收到雷龍大廈環境清潔協會抗議塗鴉的陳情書，此時他曉得，之前的「解決方案」已經不再需要。他深呼吸了一口氣，放鬆心情，並親自送維修人員到大門口。

現在，剛好是下午五點，房東想看看員工們發現電梯真的改善了之後的欣喜表情。

沒過多久，下班的鐘聲響起，員工們開始從辦公室走向電梯，每個人都希望自己能夠第一個拿到蠟筆。然而，由於電梯的運作速度已經回復正常，因此，當人們還沒來得及在鏡子上「胡說八道」，就被送到了一樓。沒有了過去那慢吞吞的電梯，可以將好幾百位的下班人潮平均分散在十五到二十分鐘內分批出去，現在大家一下子就擠到了地鐵入口——這已經遠超過無止境喧鬧地鐵（Interminable Racket Transit）的負載人數。就在一陣推擠之間，有五個人熱到昏倒、七個人被踩傷送醫，而可憐的梁龍先生則是從樓梯上摔了下去，穿過剪票口，直接滾到月台上。

因為這條地鐵並沒有經過史卡斯戴爾莊園，因此，梁龍先生從來沒有進來地鐵過。同時，由於沒有受過任何匍伏前進的軍事訓練，因此，他無法好好保護自己。就這樣，最後他被擠落到月台旁，急行的特快車軌道上。

喪禮舉行的時候，包含公司的管理階層及員工代表，都很有風度地站在禮堂的兩旁。在電梯問題的解決過程中，他們認識了房東，並且漸漸開始尊敬他，儘管他是個貪婪的暴君。同時為了證明他們已經盡釋前嫌，皮根霍爾被推派為雷

龍大廈承租戶的代表，朗誦對梁龍先生的悼詞。

　　他以去年開始的電梯事件起頭，說明是在何種機緣之下，認識了梁龍先生，以及，開始漸漸認同梁龍先生觀點的

來龍去脈。在最後總結時，他悲傷地說道：「很遺憾梁龍先
生離開了我們，就在問題終於被解決的時候。我們永遠不知
道問題到底是什麼——直到我們不再擁有這些問題。」

後記：

　　當彼得悲傷地從梁龍先生的新墳離開時，一位和藹面善的老先生拉住了他的手。「我是 E. J. 卡維拉（Corvair），我經營一家百貨公司，就在雷龍大廈隔壁一條街。剛才聽了你為梁龍先生朗誦的悼詞，讓我很感動。」

　　「謝謝，」彼得真誠地說道，他很高興他的悼詞能夠讓人印象深刻。「我真的覺得自己辜負了梁龍先生的信任，他是那麼地相信我的解決問題能力。」

　　「喔，年輕人你不用自責。當你到了我這個年紀，你就會知道，在現實生活中有太多**重要**的事情是我們無能為力的。」

　　「也許吧，」彼得回應道，「但是，我真的對於自己過去跟他提過的一些事情感到後悔，特別是當他以為我只是**隨口說說而已**的事。」

　　「比方說？」

　　「我印象很深的是，我曾建議梁龍先生乾脆把雷龍大廈燒了。他聽了之後真的大發雷霆。」

　　「他不該這樣。有很多屋主真的是把房子燒了，來賺取保險金。如果我經營的百貨公司業績一直無法好轉，我應該也會考慮這麼做。」

　　「嗯，真正令他生氣的不是**這個**。我想，他可能真的考慮過這個建議。真正令他生氣的是有一次，我建議他可

以偷取隔壁大樓的電梯時間。」

「這個建議其實很有趣呀，」卡維拉笑著說。「梁龍先生怎麼會因為這個有意思的笑話而生氣呢？」

「嗯，當時他認為那不是說笑的時候，所以，他把我從辦公室轟了出去。他問我：『你怎麼可能**偷**隔壁大樓的電梯時間呢？』我不能給他一個合理的答案，所以，他就把我轟了出去。」

「哎呀，當時你提議的時候，心裏真正的想法是？」

「我不知道。當時我只是靈光一閃，感覺這應該是個有趣的點子，而且夠好玩，所以我就說了。」

「那真是太糟糕了，」卡維拉若有所思地說：「如果你**真的可以**把一棟大樓的電梯時間挪給另一棟大樓使用，那麼，我很樂意把我大樓的電梯時間借給你們用。」

「你的意思是？」彼得問道。

「喔，百貨公司的生意一直不是很好，電梯幾乎都沒什麼人在用，因此，我們的電梯有很多的空閒時間可以借給雷龍大廈的上班族來使用。」

「等一下，卡維拉先生！」彼得興奮地打斷他。「我們可以在兩棟大樓之間，修建一兩條空中走廊，如此一來，當雷龍大廈的電梯人滿為患，有些人就可以走到你的百貨公司去搭電梯啦！事實上，我們早該這麼做了。」

「如果梁龍先生還活著就好了，」卡維拉先生語重心

長地說。「我願意負擔建造空中走廊的所有費用，因為那可以為我的百貨公司帶來額外的人潮啊。我很樂意讓你們偷取**我的**電梯使用時間。」

　　「太好了，」彼得樂觀地說：「現在還不算太晚。也許雷龍大廈的繼承者會比梁龍先生更樂於採納這個建議！」最後，他們真的這麼做了，這讓彼得又上了寶貴的一課：

不要嘗試幫一個沒有幽默感的人解決問題，
因為那簡直是自找麻煩。

第二章

這是什麼問題？

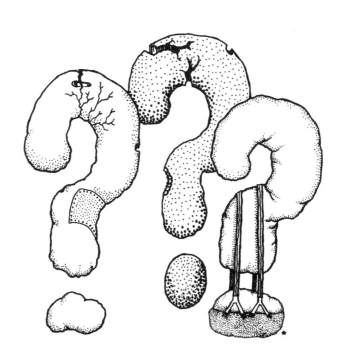

4 比利在投標大戰中勝出

在電腦領域裏，和定義問題有關的教材相當多。接下來這個故事，委託人是來自一家大公司，包括公司的總裁、副總裁及審計官。問題的大小和當事人的層級相符——是涉及數千萬美元的一項政府標案。

這項標案採取了密封標單的投標機制，總共有四家公司一起競逐共11項的標的物。然而，並不是每項標的物都很吸引人，事實上，有些標的物完全不受這四家公司的青睞。為了確保所有標的物最後都會有人投標，政府單位刻意設計了一套很複雜的投標規則。

舉例來說，如果一家公司決定要參與競標，就必須同時對11項標的物下標。當某個標的物的標金相較於其他標的物低得太多，則設定的標金會自動調高到一個最低的滿足標價。此外，政府還把那些受歡迎及不受歡迎的標的物綁在一起，因此，標的物不一定是賣給單價出最高的一方，而是會賣給為整組標的物都給了好價格的一方。

誰得到什麼東西？

因為標案牽涉的金額龐大，而且充滿了不確定性，因此，參與投標的公司主管都很緊張，或者，更糟的，他們對結果感到好奇。在這個脆弱的時刻，他們特別容易接受政府的提議：我們可以把密封標單內各個廠商的投標組合偷偷告訴你們，並讓你們有機會修改一次標價——只要你們願意再另外支付一筆錢。

他們付了錢，並取得了密封標單的內容。令他們感到氣餒的是，投標的規則實在太過複雜，因此他們還是無法確定最後會是哪些公司得到哪些資產。然而，現在距離開標只剩下24小時，他們已經浪費了太多時間，所以必須尋求外援。當公司的審計官來到電腦中心時，他看起來很疲憊而絕望。不過，他也帶來一項計畫。

透過公司高層的牽線，審計官認識了以比利・布萊特艾斯（Billy Brighteyes）為首的電腦程式團隊。比利仔細聆聽了審計官希望利用程式解決問題的想法。由於總共有4個投標單位以及11項的標的物，他估計，總共會有4^{11}——大約是400萬種不同的投標組合。（對問題解決者來說，這種估算能力是很基本的，我們會在別本書討論它。現在，你可以先不管這組數字到底怎麼來的，相信它就是了。或者，你可以和學數學的朋友討教一下。）

BID POSSIBILITIES REPORT

	PROPERTY NUMBER											GOV'T REVENUE
WHICH	1	2	3	4	5	6	7	8	9	10	11	
COMPANY	B	C	A	A	D	B	D	A	A	C	B	$187,926,351
GETS	C	B	A	A	D	C	D	B	A	C	B	$184,897,680
THIS	C	B	B	A	D	C	C	B	A	B	D	$183,102,395
PROPERTY	D	B	B	A	D	B	C	B	B	B	D	$180,090,444
	B	C	A	A	D	B	D	A	A	C	B	$179,580,604
	B	C	A	B	D	C	D	A	A	B	C	$177,203,945
	D	B	A	B	C	C	D	A	B	B	C	$174,381,509
	C	C	B	D	B	A	B	D	A	D	B	$171,284,137

etcetera,
etcetera...
over
4,000,000
etceteras

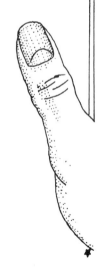

　　這400萬種組合中的每一種都可以為政府帶來收入，不過，政府最後一定還是挑選當中既符合投標規則，同時又能帶來最大收入的那個組合。所以，審計官希望先利用電腦把這400萬種組合都計算出來，並依總價的高低來排序。當有了這個列表，公司高層就可以由高到低，找出那組既滿足所有的規則，同時又可以為政府帶來最大收益的那個組合（譯註：就是找出會被政府部門挑選出來的那組投標組合）。

　　距離開標只剩下24小時，可是，光是要電腦把所有組合計算出來就要12個小時，所以，現在已經沒有時間爭論這個計畫是否可行。如果沒能趕在開標前完成這個列表，那麼就前功盡棄了。然而，比利還是覺得這個方法太過粗糙——完全沒有問題解決者該有的優雅。根據他的判斷，如果可以取得所有的競標規則，那麼，整個計算量會變成只有原來的十分之一。同時如果可以把所需的計算時間從12小時縮短到1小時，那麼，公司高層就可以有更多的時間來檢視一個較小的列表。

　　審計官對於洩露更多資訊的要求有些遲疑。不過，當他知道這麼做可以縮短電腦所需的運算時間，同時還能預測出標價改變後的影響之後，最終他還是答應了這項要求。其中一組程式團隊會先按照審計官的方法去計算出所有可能的列

表，同時，比利則是跟著審計官去了解投標的細節規則——
這些資訊本來是絕對不能流出公司外頭的。

比利離開以後，其他的程式開發人員開始對於這件事的
道德問題，議論紛紛。雖然審計官沒有明說，不過，密封標
單內的資訊，顯然是透過某種非法的交易——儘管他們從未
真的聽人說這是違法的——他們擔心，如果參與了這次可疑
的交易，將來自己是否還能維持道德上的公正？

對於這個問題他們一直無法釋懷，於是，他們決定找他
們的經理討論。經理很快就指出另一項重要、卻被他們忽略
了的道德因素——這家公司是他們的第三大客戶，所以，不
可能拒絕他們的要求。最後，他們決定先把道德考量擺在一
邊，畢竟，對他們來說，如何以最短時間產生這400萬項列
表的技術問題，比起道德問題更吸引他們。因此，就像大多
數專業的問題解決者一樣，最後，他們都拋開了道德上的考
量。何況，他們過去從未接受過任何道德問題的專業訓練，
所以，他們決定把焦點鎖定在技術問題上，這也才是他們的
專業——不是嗎？

就在他們決定拋開道德上的考量之後，大約過了二十分
鐘，比利從公司那邊回來了。他們急著向比利展示目前的成
果——他們找到了一種大約可以減少900美元成本的方法。

不過，比利卻揮揮手，請他們先安靜下來。接著，比利說，當他瀏覽了整個投標規則，他只運用一些正規邏輯和拼湊起來的零碎知識，不到五分鐘，問題就完全解決了。

之後，比利又另外花了二十分鐘說服公司高層，問題真的被他解決了——一個讓他們花了好幾天研究的問題。不過，這幾天的時間並不是完全浪費了的，因為，它讓比利學到了和定義問題有關的重要課程。首先：

不要把別人解決問題的方法，當成是問題的定義。

第二堂課是：

如果你很輕易就解決了別人的問題，
那麼，他們將不會相信你解決了他們真正的問題。

後記：如果比利有機會參與程式開發人員對於道德問題的討論，那麼他將學到另一個教訓，而且可以馬上運用到他自己的身上：

當急著想解決一個有利可圖的
問題時，關於道德的問題
很快就會被拋在一邊。

5 比利發現自己錯了

可想而知，開發團隊的每個成員都很失望，因為這專案來得快，去得也快。不過，這時候比利並不知道，故事還沒真的結束。隔一年，比利被轉調到另一個電腦中心——這中心有更高檔的電腦設備。剛到中心報到的那一天，比利就被安排和一位運算研究員見面，討論有關「套裝程式」的議題。所謂「套裝程式」指的是，一種事先完成，專門用來解決不同情境下各種常見問題的應用程式。

運算研究員告訴比利：「毫無疑問，這些套裝解決方案的最大好處就是成本低，不過，它通常還有其他的優點。」

「像是一些特殊功能，或更嚴格的資料檢查嗎？」比利問道。

「沒錯，這些當然也是，不過，我想提的是另一個更有趣的例子，一個必須在限制時間內找出解決方案的使用情境。去年，我們最好的客戶之一，希望我們協助解決一個和政府資產標售有關的問題。當時，他們似乎已經透過某種管

道，取得了密封標單內所有公司的投標價格——我們從未過問他們是如何取得密封標單的內容，這點我想你應該可以理解。他們希望參考別家公司的投標價格，並藉此修改自己的投標價，以確保可以取得想要的標的物，同時，避免把錢花在不感興趣的標的物上。」

一道微弱的光芒突然打在比利的頭上。他試著以最無知的語氣問道：「另外還有幾家公司參與這個標案？」

「三家。不過，因為標的物總共多達十一項，因此，排列組合起來是個很恐怖的數目。」

「大約400萬。」

「嗯，你算得很快。沒錯，大約就是400萬項。因為當時時間所剩不多，不可能來得及把所有組合都算出來，更何況，標案的投標規則又多到令人抓狂，這也增加了在短時間內要把程式完成的複雜度。」

「所以，你們最後是怎麼做的？」比利真的感到好奇。

「那就是重點了——我們使用了套裝程式。只花了兩天時間，線性代數的專家就把問題轉成適合套裝程式執行的格式。有了適當的資料格式，電腦只花了幾個小時，就算出了他們想得到的答案。老弟，你知道當時他們有多麼高興嗎？——畢竟那是好幾百萬美元的大案子呀。」

「聽起來真有趣。那麼，整個工作最後到底花了多少錢？」

「那是另一個重點。線性代數的專家花了兩天，酬勞總計400美元，另外就是使用電腦所需支付的1,000美元。」

「所以，總共只花了1,400美元，他們就得到了答案？」

「而且花不到三天的時間！這就是我想要強調，套裝程式的價值所在。你可以把套裝程式定位成，一種專門等著問題上門的解決方案。」

「是的，你的確可以這麼說。」比利若有所思地回答。

然而，此刻比利腦袋裏真正在想的是，過去他曾經學過的問題定義課程的一個擴充版本：

不要把問題的解決方案當成是問題的定義
——尤其是當解決方案是由你自己提出的時候。

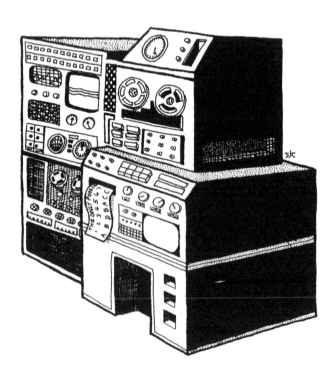

6 比利重新思考投標問題

當比利離開研究員的辦公室時，占據他腦袋的，並不是研究員高談闊論的套裝程式，而是一些更有趣的問題：

「那麼，參與競標的另外兩家公司又會是什麼情況？」

「誰已經『解決』了他們的問題──花了多少錢？」

「當原先的標價都變得不一樣了，此時開標的結果又會變得如何？當他們發現所有的標價都不一樣了，他們**全部**都感到很驚訝嗎？」

「對於那些販賣『密封』標價的人或人們，他們有沒有採取什麼行動？」

比利的思緒無法停止。大約在一年之前，他已經把這個問題拋在一旁，當時，他認為自己已經知道了所有的事情。現在，他意識到，他唯一知道的是，事情並不如他過去所想的那麼單純。這並不是一個把所有400萬項排列組合都算出來的問題。和符號邏輯或常識也沒有關係──尤其和線性代數是一點關係也沒有。

　　也許，真正的問題是：當所有的人都在修改標價，而且，他們以為自己是唯一擁有這項權利的人，在這種情況下，你該如何改變你的標價？不對，這種推論並不合理，因為，如果某一家公司會這麼想，那麼，其他每一家公司也一定想得到。

　　或許問題是更深入一點的：當其他的人都在修改標價，同時，他們知道你也在修改你的標價，還知道你也知道他們可以修改標價，那麼，你該如何改變你的標價？奇怪，這不就是密封標單的定義嗎？

　　但是，等一下！如果一家公司**知道**其他公司可以看到他們的標價——一個可以被變更的價格——那麼，其實他們可以先提出一個用來**誤導**其他競爭者的假標價。在參與競標的四家公司之中，是否有任何一家真的是透過讓其他公司買下「密封」標價來誤導他們？或者，也許他們每一家都是這麼做的？如果真是這樣，那麼，真正的問題應該是，如何在一開始先提出一個足以誤導其他公司投標方向的標價——在不被察覺的前提下。

　　各種思緒在比利的腦海裏不斷盤旋，就像髒水從浴缸的排水孔不斷盤旋湧下一樣。就在「浴缸」的水快要流乾的時候，他的腦海裏又閃過一個念頭：如果問題是和標價的設定

有關，那麼，既然取得的是一個被設計過、可能會被誤導的投標價格，那麼最好的策略就是不理它，把問題單純化，看成只是個密封標單的問題！這麼思考下來讓比利開始感到有些頭暈。他找了張離自己最近的椅子坐下，由於頭暈還差點沒坐穩。他想著，如果是這樣，那麼在解決問題的過程中，他真正學到的一課應該是：

> ## 你永遠無法確定自己是否已經取得了正確的問題定義，即使問題已經被解決了。

有了這樣的想法，比利終於可以把所有的思緒給串連起來。但是，就在他走回自己新公寓的路上，他再次回想了「這一堂課」。他想著，假設，只是假設，如果**我的**問題是要從所有發生的事情中學到**這麼一堂課**，如果真的就是這堂課，那麼，其實我應該不能確定自己是否**已經**解決了問題——因為按照這堂課的理論，我其實無法確定它是否**就是**課程的內容。比利坐在一面擋土牆上，擺出沉思者羅丹的姿勢。晚餐時間到了又過了，太陽西下的景致看起來十分壯觀，然而，比利由於思考入神而完全沒注意到。路燈亮起，馬路上往來的車輛漸漸增加，漸漸減少，又增加，又減少。

後來，一位打掃街道的清潔工剛好路過，她放下手中的

你永遠無法確定
自己是否已經取得了
正確的問題定義，
即使問題已經被解決了。

畚箕和掃帚，緩緩向比利說道：「嗨，先生，您還好嗎？」

　　理論上，比利應該嚇一大跳才對，但是他並沒有。相反的，清潔工的話反而給了他一條線索，讓他可以將原本盤根錯節的思緒好好整理了一下。「呃⋯⋯不。不，我曾經搞錯了一些事情──但是，那並沒有什麼關係！多謝。」

　　說著比利站起身來，跟滿臉狐疑的清潔工握了握手，並且精神抖擻地往家的方向走去。「思考，真不是件容易的事情，」他想著，「唉，我打賭，如果持續追蹤這個投標結果，那麼，我將知道政府的算盤也打錯了──他們所有的算計或計謀，其實根本不會造成任何差別。而且，因為參與投標的四家公司在競標過程中也都作了弊，所以，他們也沒有任何立場去指責政府的計謀。反過來說，如果他們一開始就堅守**道德**立場，那麼他們的雙手會是乾淨的，也才有機會把整個情勢導向對自己有利的局面。總而言之，一個該**永遠**記住的教訓是：

不要急著下結論，但也不要忽視你的第一印象。」

　　然而，讓比利感覺自己真的沒事的，其實是另一個更深刻的教訓──雖然他已經好幾次都笨得以為自己真的取得了「正確的」問題定義。在過去這個教訓他也曾體會過，不過

此刻他才真正曉得，最關鍵的核心問題不過是：

問題到底是什麼？

過去比利及所有其他人都錯在同一個地方，那就是他們以為如果**問題**很重要，那麼**答案**就一定很重要。「不是這樣的，」當比利漫不經心整理信箱的時候，他喃喃自語著。「完全不是這樣。處理問題時，**真正**重要的是，明白問題**從來就不可能真的被解決**，不過，這並沒有什麼大不了的，只要你願意鍥而不捨地追下去。只有在你先欺騙自己說自己已經找到了問題的最終定義——最後、真正的答案——之後，你才會笨得相信自己已經有了最終的解決方案。而且，如果你真的這麼想，你就很容易犯錯，因為這世上根本就沒有所謂的『最終解決方案』。」

基於這樣的想法，比利的大腦終於可以休息了——不是停止，只是休息。在睡了一夜好覺之後，他到市區買了一塊和書桌相配的銅製牌匾，在上面刻了底下這段話：

你永遠無法確定自己是否有了一個正確的定義，
但絕不要放棄去試著追尋一個。

後記：

　　關於比利和投標案的故事情節是個真實的案例，我們透過一些改編，讓大家認不出它事實上是來自二十年前的哪個事件。不過，在這塊土地的某處，至少有其他兩個問題解決者是真的認得這個故事。在多年之後發表它，只是我們不放棄追求更正確的問題定義的另一個冒險。也許，我們會聽到這些人的回應。誰知道呢？

第三章
真正的問題是什麼？

7 永無止境的循環

　　全世界最大的一家電腦製造商，曾經希望研發一款新型的印表機，這款印表機比起前一代，擁有更高的列印速度及準確度。透過新技術的研發，研發團隊輕易提升了印表機的列印速度，不過，他們卻為了如何同時維持列印的準確度，傷透了腦筋。列印出來的線條時常會呈現波浪狀，或者，就算是直線也不是按照原先設定的格式。為了驗證列印的準確性，工程師們必須花相當多的時間在這項沒有價值的測試工作上。

　　丹・達爾林（Dan Daring），研發團隊中最年輕也最聰明的一位工程師，建議也許可以設計一種工具，把列印出來的紙張每隔八英吋打上一個標記。以這些標記為基準，他們就可以既快速又準確地測量出任何的誤差。

　　團隊當中的幾位成員，根據達爾林的建議開始設計工具，不過，他們遇到了困難，因為，他們被「**列印**是想在紙上作出標記的唯一方法」這想法給困住了。他們都是設計印

表機的專家，因此，有這樣的想法是很合理的。達爾林比較沒有設計印表機的經驗，因此，他提出了一項令人吃驚又有效的解答。他的最終解決方案是如下圖的一個鋁條。鋁條上嵌著一組小針，透過這些小針，測試人員可以在紙上打出精確的小洞。

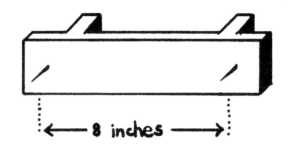

這個工具製作十分容易，同時又具備了堅固及準確的特性。從前浪費在標記間隔的時間，現在可以花在更具生產力的工作上，達爾林的主管為此感到十分高興。經過幾週的試用，更證明了這個工具的確可以節省不少時間，於是他的主管決定推薦他角逐公司的特殊貢獻獎。他從工廠裏拿了一個樣品到辦公室，做為撰寫推薦報告時的參考。

不幸的是，當他把工具放在桌上，他並不是以上圖的方向擺設，而是以右圖的方式擺放著——用橫條的「腳柱」支撐。

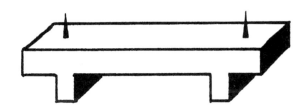

　　如果丹的主管曾經到過印度，看過苦行僧躺在釘床上的模樣，那麼他也許就不會把工具這麼擺。同時，如果丹的主管的主管曾經當過印度的苦行僧，那麼，當他坐在桌沿，討論著丹的獎勵時，也許就不會覺得痛。可惜，上面的兩個「如果」最後都不成立，當這個工具準確地在部門主管的臀部，刺上相距八英吋的兩個小洞時，整個部門都聽到了他淒厲的叫聲。

　　部門主管的臀部雖然被準確刺了兩個小洞，還好，他的臀部還蠻有肉的。不過，即使如此，達爾林的獎勵還是在部門主管被刺了兩針的同時，煙消雲散了。事實上，當時部門主管還想把他和那工具一起狠狠地踢出去，幸好他的主管出面解圍，建議可以試著修改這個工具以降低它的危險性。他建議把工具的兩個「腳」磨成半圓形，使它無法以針頭向上的危險方式站著。修改後的工具如果要立起來，唯一的方式會是如下的擺法。

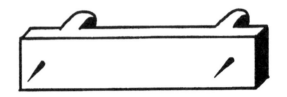

　　然而，由於任何一個問題都是感受與期望之間的落差，因此，當我們為了「解決」一個問題而去改變事物的狀態時，我們通常會製造出另一個甚至更多個問題出來。簡而言之就是：

每一個解決方案都是下一個問題的根源。

我們永遠無法**擺脫**問題。問題、解決方案以及新的問題不斷糾纏成一個永無休止的循環。因此，比較合理的期望應該是：新的問題比起被「解決」的那個舊問題可以比較不棘手一點。

　　有時，為了讓問題變得比較簡單，我們會把它丟到別人家的後院——或身上。這種技巧被稱為「問題轉嫁」（problem displacement），如果你可以在有意識的狀況下實施這個技巧，效果通常會非常地好。可惜的是，新的問題——通常——是在**無意識**的情況下出現。

　　這種缺乏警覺的情況是很常見的。我們經常觀察到：

某些問題最難處理的地方就是去意識到它們的存在。

一旦我們察覺到工具的危險性，各種解決方案就會立刻跳進我們的腦海裏。事實上，工程師每天都在使用這個工具，他們很清楚如果把它豎著放是很危險的。因此，他們養成了把工具躺著放的**習慣**，但是，他們忽略了**別人**在某些時候，可能也會使用這個工具。

其他人不像工程師，他們**不熟悉**工具的危險性，因此，很容易不小心坐在它上頭，或是手被它刺傷。工程師知道**自己**的安全問題，卻無法看到它也可能會成為其他人的問題——這也是**問題轉嫁**的一種情況。

我們甚至無法**確定**，當工具的腳柱被磨圓了之後，會不會又產生新的問題。你也許會想去想一想這個新問題。

或許我們該說「**這些**新問題」。雙胞胎或三胞胎對人們來說也許不常見，不過，在問題的世界裏，三胞胎卻是相當常見的。事實上，對於問題解決者而言，一個最重要的準則就是：

　　如果以你對問題的了解，你想不出至少三個可能出錯的地方，那麼，你就不是真的理解這個問題。

當你在定義一個問題，可能有上千個地方是被你忽略了的。
如果你連三個都想不出來，那就代表你根本沒有，或不願意
把問題好好想清楚。

　　對於達爾林的主管所提出降低工具危險性的建議，你找
得到至少三個可能出問題的地方嗎？

想出三個可能出錯的地方……

8 被遺忘的不合身

　　每當機器出了問題，我們總是傾向責怪那些不小心讓自己屁股被刺到的人，而不會去責怪工具的發明者。丹的工具是個特例，因為，它本來就只是為了某一群特定的使用者而設計的。通常，等到設計的問題爆發出來並且造成傷害，設計師早就不知道跑到哪兒去了。如果這個工具是要被拿到市場上廣泛的銷售，而不是只在內部使用，那麼，每一個被扎傷的人只會怪罪自己：「為什麼坐下來之前不小心點？」或是，責怪把工具豎著放的那個人：「為什麼沒有顧慮到別人的安全？」因為這個工具已經在市場上銷售，所以我們會假設，大多數買了這個工具的人都沒被扎到，不然早就怨聲四起了，不是嗎？

　　然而，因為**設計師**—— 事先幫別人解決問題的一群人——的存在，使得問題轉嫁的情況更加惡化。設計師就像房東一樣，很少有機會、甚至根本沒體驗過自己的設計，因此，這些人會不斷地產生**不合身**（misfit）的狀況。**所謂不合**

身的意思是，解決方案和必須使用它的人之間產生了不協調、無法和平共處的情況。有些不合身還會造成相當可怕的結果。

以前，男人是不刮鬍子的。後來，在某種機緣下，他們察覺到鬍子和幸福之間存在著某種矛盾，於是，他們開始刮或被刮鬍子。為了把刮鬍刀磨利一點，他們常常會不小心割傷自己的手——直到「拋棄式安全刀片」被發明才改善。此後，沒有人會為了把刀片磨利而被割傷，不過，很多刮鬍子的人的妻子或侍女，反而為了處理刀片而受了傷。此外，小朋友們也常因為碰到還沒處理掉的拋棄式刀片而被割傷。

最後，醫藥箱被規畫出一塊區域，專門擺放那些使用過的刀片。有了這塊區域，婦女及小孩們相對安全了一些——直到婦女因為某種原因，也開始刮她們的腿毛和腋毛。但是有好幾十年的時間，還是有許多人為了要把刀片從刮鬍刀取出並放到醫藥箱而受了傷。多少人就這樣看著自己的血流進洗手槽，把原本乾淨的毛巾弄髒。他們心裏想著：「真是奇怪，居然沒什麼好方法可以處理這些刀片。如果有，一定早就有人**發明**出來。所以，一定是我自己太笨手笨腳了。」

結果，在某一天，有人真的發明了一個東西——天曉得他是怎麼想到的。他把刀片設計在一個包裝盒中，如此一

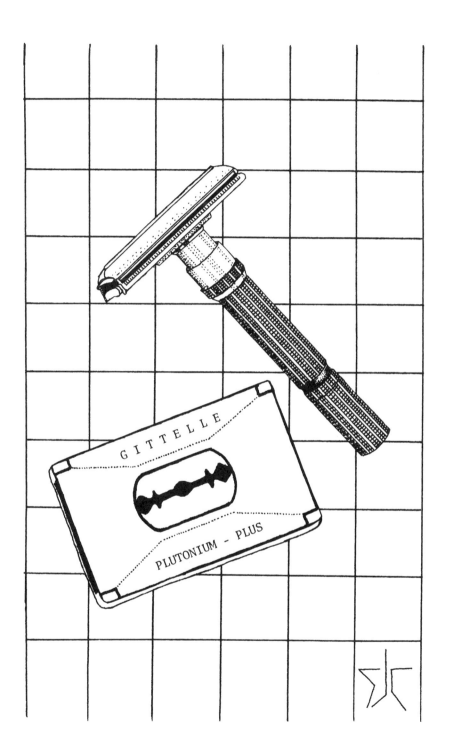

來，在安裝新的刀片時，舊刀片會先被回收進來。這不是一項複雜的發明，其後很多產品也都延續這樣的創意。由此可見，處理問題的關鍵就在於必須先讓問題被察覺，或者，更明白的說，必須先讓設計師感受到它的存在。也許設計師都是到理容院去刮鬍子──或者，也許他們都是留著鬍子的。或者，當拋棄式刮鬍刀這個概念出現的時候，根本就沒有所謂的設計師？只要問題解決了，誰還在意什麼設計師呢？

　　大多數的不合身問題都很容易**解決**，只要它們被**察覺**。雖然有時需要「高層人士」親自出馬，不過，在大多數的情況下，問題還是會被那些不得不和它們共處的人們解決。人們的適應能力很強，他們可以忍受各種的不合身──直到他們發覺自己其實**不需要**這樣。當他們有了這樣的想法，問題就自然而然出現了。

　　最近一次能源「危機」發生時，美國政府把行車速度限制在每小時55英哩。當時大家以為，只要「危機」過了，車速很快就可以調回65英哩，甚至更高。然而，對長期享受較高的車速限制的既得利益者而言，一個不好的消息是，把車速限制向下調整之後，明顯減低了車禍的死亡率。在這個偉大的「實驗」完成之前，沒有人知道為什麼每年會有5萬人在高速公路上喪命。汽車製造商把錯怪到駕駛人頭上；酒商

以外的每個人則認為都是酒精惹的禍；但是，沒有人怪罪為什麼立法委員之前要把車速限制訂得那麼寬鬆。

並不是所有的意外都和車速的限制有關，但事實證明，那的確有很大的影響。在接下來的幾個月內，大家開始認知到，車速限制、駕駛人及道路之間的不合身。這是多大的變化！也許，要好幾年之後，速限才會慢慢回到過去那致命的水準。如果速度一下子提升得太快，大家可能會馬上有所警覺。

速限的**突然**改變，把速限和道路安全之間的不合身問題，突顯到每個人的面前。在這之前，行車的速度限制事實上已經悄悄往上調高了好幾年，車禍的肇事率也不斷升高，但是，很少人察覺出兩者的關聯性。同樣的道理，任何新的「解決方案」都會讓使用者比原先的設計者更能感受到定義問題上的錯誤。不過，等到他們度過了最初的不熟悉階段，人的天性就會讓不合身的感覺自動消失。再一次，我們看到以下這條規則的重要性：

不要急著下結論，但也不要忽視你的第一印象。

但是，如果第一印象已經漸漸褪去，我們又該怎麼做？難道我們該找局外人——像是所謂的顧問或甚至是「外國

人」——來幫我們找回失去的新鮮觀點嗎？雖然找顧問（例如這本書的兩位作者）並沒有什麼錯，不過，我們應該**可以**學習一些技巧，以降低對顧問的依賴。

一種獲取新鮮觀點的做法是，請**隨便一個人**來當我們的「顧問」。先不找那些「專家」級的顧問，因為，他們對於現狀的適應能力通常比我們來得強。你可以試著詢問街上的陌生人，請教他們對於特定一項設計或問題定義的看法。當我們對這些沒有特定認知的人解釋我們的想法時，我們會強迫自己用全新的角度來看事情——因此，我們可以察覺出新的不合身。

當我們到國外旅遊，我們一定可以感受到一些陌生、甚至棘手的「新鮮事」。貨幣的使用方式可能不夠直覺，街道的標誌可能被設置在不對的位置，甚至，連衛生紙也不太對勁。然而，一個更有效的方法是，**陪伴**一位外國遊客在你自己的國家旅行，從外國人的眼中，你會再次感受到自己國家的文化是多麼陌生而笨拙。

為什麼我們說「**再次**感受到那陌生的感覺……」？因為，當我們是**小孩子**的時候就曾感受過這種陌生的感覺——直到大人們不斷告訴我們：「這不是偶爾發生的情節；這世界就是這樣。」

　　當來自瑞士的遊客第一次看到美國的紙鈔，他們一定會說：「為什麼它們都是一樣的**大小**？這樣**視障者**該怎麼分辨？」聽到這樣的質疑，你只能用一陣尷尬的沉默來回應。除非你自己也曾經眼睛失明，否則，你永遠無法從那樣的角度來看待鈔票。永遠無法？嗯，機率真的很低。還好，至少你曾經是個小孩──可是，那時候你可能連一塊錢都很少看到，所以在那時候，這對你來說並不是個問題。

　　來自瑞士的遊客的下一個反應可能是：「而且，它們的顏色還都一樣！難道大家換錢的時候都不會找錯嗎？」當你回想起，過去真的**好幾次**都找錯了錢，又是一陣尷尬的沉默。可以確定的是，你一定有找錯錢的經驗，可能是少找或多找，比方說，把5美元當成10美元。此刻之前，你總是容忍這類的錯誤，認為這是「自然、不可避免的狀況」。現在，當你有了新的認知，你開始會注意到美國人為了避免這種錯誤所作的適應。在這一段時間，每一位你遇到的收銀員都成了提醒你要提高警覺的標誌──直到你又漸漸遺忘、回到過去的老樣子。如果你想試試自己的警覺性，你可以連續幾天都用兩塊錢的紙鈔來付帳。

　　這樣的體驗可以給我們一些線索，讓我們知道該怎麼做才能察覺出不合身的現實：

對一個外國人、視障者或小朋友測試一下你的定義，
或者，假裝自己是個外國人、視障者或小朋友。

　　拿一件你每天都會使用的東西來試試——一雙鞋子、一件襯衫、一把刀叉、一扇車門、一支牙刷或任何其他的東西。試著把自己當成外國人，假裝自己從來沒看過這些東西，並且開始好好「觀察」它。把眼睛先閉著摸摸它——或者，用你的耳朵或鼻子來感受它。假設自己的身體只有原先的四分之一大小，或者，假設自己無法閱讀，或是肢體上有缺陷，在這樣的限制下，操作這些東西會發生什麼事？

　　讓我們以「書」為例。先不管書的內容，只考慮物理性的結構問題。試著從不同角度來檢視這本書，直到你至少找到十個讓你閱讀起來感覺不方便的地方——包括一些你早就習以為常的不方便。舉例來說，唐（譯註：本書作者之一的唐納德‧高斯）只花了幾分鐘就歸納出底下的列表：

(1) 當我一把書放下，它就很難保持在最後讀到的那一頁。

(2) 因為我沒辦法只把書的某個章節帶在身上，所以儘管我知道我只需要某些章節，我還是必須把整本書都帶著。

(3) 就手感來說，書的裝訂感覺太過厚重，但是，對於抵抗

磨損來說，裝訂又顯得太陽春。

（4）書一定要用手撐著，否則無法維持它的開啟。

（5）書的用紙很容易不小心被撕破。

（6）書的某幾頁黏在一起。

（7）書的用紙太過光滑，總是覺得很刺眼。

（8）因為書裏的句子很長，以至於每讀完一行要換行時，常會不小心回到原先的那一行，或多跳了一行。

（9）書的邊緣留白太少，使得書裏沒有合適的空白處可以加上註解。

（10）因為書沒有類似把手的設計，所以拿起來很不方便。

　　如果連這個古老、行之有年的解決方案都有那麼多的不合身情況隱藏其中，我們又怎麼能夠期望那些沒有測試過的概念會是完美無瑕呢？當然不可能。所以，可以肯定的是：

每個新觀點都會引發一個新的不合身。

在急急忙忙推出一個「解決方案」之前，如果可以**事先**察覺

當中的不合身，比起只是坐視災難發生，這樣不是比較好嗎？

每個新觀點都會引發
一個新的不合身

9 正確的問題定位

問題一：下圖是一個非常常見的物體，它是什麼？

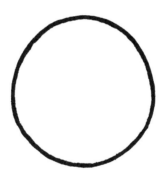

是一個圓！大多數人都會不假思索地這麼說。為什麼他們這麼快就解出了這個問題——假如問題真的**已經**解決了——然而有些別的問題根本解決不了，不然就是得花他們畢生的精力去解決？儘管萬事起頭難（就像我們在前幾章看到的混亂情況），人們確實解決了**這個**問題，還有其他許許多多問題。但是，我們不是才剛剛開始相信，問題是不可能真的被解決的嗎！

如果我們平常解決問題的速度和大家解決問題一的速度一樣快的話，我們很可能忽略了自己是**怎麼**辦到的。一個釐清的好方法就是問問自己：

我們該如何改變問題的陳述，
以使得解決方案可以變得不一樣？

以這個例子來說，問題陳述（problem statement）本身幫了很大的忙。怎麼說呢？因為「常見」這個詞帶來的影響。不信我們試著把問題的陳述改成：

問題二：下圖是一個物體，它是什麼？

或者，我們可以把「常見」這個詞留著，但移掉「非常」這個強調用詞，像是：

問題三：下圖是一個常見的物體，它是什麼？

甚至，我們可以更進一步，把關鍵字的意義反轉過來：

問題四：下圖是一個非常不常見的物體，它是什麼？

針對問題的描述進行一些「小」變動，並藉此觀察當中產生的影響，這可以是派對活動或是科學實驗中一個有趣的

主題。針對同一個目標物，不同的人或不同的團隊分別被給予略有不同的問題陳述。在派對活動中，所有的答案會先被公布出來，讓大家猜猜別人的問題陳述是什麼。在科學實驗中，則是透過觀察每個人的反應來探究人們是經由什麼樣的過程來確定

自己正在處理什麼問題？

在我們的實驗裏，大多數人對於問題一的回答都是「一個圓」。如果我們把「非常」的字眼刪掉，回答「一個圓」的比例就會大幅下降，其幅度甚至比把「常見」拿掉還來得大。不過，如果我們在問題陳述當中加個「不」，那麼幾乎沒有人還會說它是個圓。此時，我們聽到的答案會變成「一個洞」、「一個呼拉圈」、「一隻鉛筆，如果從橡皮頭的角度看」、「一個橢圓球的橫切面」、「一個用鎦（lutetium）製成的錢幣」、「金屬感應盤上的圓形透鏡」、「海波懷特（Hepplewhite）扶手椅的中心裝飾」、「一隻不守規矩的蜜蜂所築出的蜂巢」或是「一架微型直昇機的停機坪」。

另外，還有不少人拒絕冒險回答問題四，儘管他們曾試著回答前三個問題。如果你問他們為何不回答，得到的答案大多是因為「答對」問題四的機率實在太小了，所以他們不

願意冒這個險。此時，我們可以透過再次修改問題的陳述來驗證這樣的分析是否正確。假設我們把問題改成：

問題五：下圖是一個非常不常見的物體。請發揮你的想像力來回答。

如果問題換成上面這個，相信很少人會覺得回答起來有什麼困難，因為，我們是問他們個人的**看法**，而不是要一個「標準」的答案，因此，原本的顧慮就不存在了。**每一個人**都可以有自己的看法——或者說，每一個人都應該有——當談到自己的看法，每個人都是專家。

一旦我們把某件事看成是個問題，那麼通常我們會先將它「**翻轉一次**」，把它對應到語意可以理解的某個層級上。比方說，如果期末考的題目是：

為何亨利八世要殺害他的妻子們，說說你的看法，
並且寫下他是如何殺了她們。

看到這個題目，學生們會評估所謂「說說你的看法」，並不是真的想知道你個人的看法，而是要你回答「正確」的標準答案。在亨利八世偏執的腦袋裏，「真正」的那個理由，只有你的教授才可能知道。

　　每當我們碰到一個問題，總是會試著把它對應到一個讓
自己感覺最舒適的語意層級上。如果我們認為教授是個容易
心軟的學者，而自己在上亨利八世歷史的那堂課時又不小心
打了瞌睡，那麼，讓自己感覺最舒適的解讀會是──教授真
的是在詢問我們個人的看法。同時，我們還會視情況把問題
推給教授，指責他出題的遣詞用句為何不清楚些。相對的，
如果我們認為教授是個難纏的傳統主義者，我們就不會針對
問題的陳述吹毛求疵，在這種情況下，對我們而言「最舒
適」的問題解讀會是：

　　請寫下我在課堂上曾經說過，亨利八世殺害他的妻
　　子們的原因，同時說明他是如何殺了她們。

　　「舒適」之所以重要，是因為我們知道如何解決那個層
級的問題。它可能是在了解問題的起源以及來龍去脈之後，
被推導了出來，或是在感受到問題本質的微妙時刻，體驗到
了這種筆墨難以形容的感覺，我們知道「就是它了」。

　　在問題一中，「常見」這個詞排除了大多數人認為它是
個橢圓球的看法，此外，手繪的效果也排除它是個呼拉圈的
可能性──因此，我們把問題定位成「一個簡單的幾何學問
題」。到了問題四，由於我們無法再以原先的解讀來解決這

個問題,因此,某些人會把問題定位到更加複雜的一個層級。當然,也有某些人會陷入無法定位問題的窘境。

如果問題是出現在《狄克和珍的黃金猜謎書》(*Dick and Jane's Golden Book of Puzzles*)的書中,那麼,我們自然會把問題定位在「玩具」的語意層級——像是呼啦圈、沒有輪圈的腳踏車胎、或是組裝玩具上的輪圈。但是,如你所見,現在問題是出現在這本充滿各種學問及陷阱的問題定義書籍中,因此,問題自然會被定位到較為複雜的層級上。如此一來,很少人會再認為它只是個簡單的幾何問題,畢竟,這樣的答案未免太過明顯了。但是,就是因為這麼想,才又不小心掉入了陷阱,不是嗎?

後記：

喔，順帶一提，經過以上各種討論，如果你現在相信圖形代表的就是一個圓，那麼，請你拿一些「真正」的圓來和它比較一下。比較過後，你的結論是否會變得不一樣？這麼做之後應該可以讓你體會到以下這個準則的重要性：

當你在令人厭倦的問題定義道路上四處徘徊時，記得偶爾回頭看看，自己是不是已經迷路了。

10 注意你的遣詞用句

「Nothing is too good for our customers」櫥窗的招牌這麼寫著。這到底代表什麼意思？它指的是：

> 「在這世界上，沒有任何的東西會讓我們的顧客嫌太好。」（There is no thing in the world that is too good for our customers）

或者，它的意思是：

> 「什麼東西都不賣，就是給我們的顧客的一樣最好的東西。」（Giving them nothing would be giving them something too good for them）

這是在玩愚蠢的文字遊戲嗎？難道不是每個人都**了解**這塊招牌的意思嗎？那可不一定。如果把問題的陳述當成是唯一的線索，就會發生這種錯誤。好幾次，我們看到無辜的問題解決者，栽在「沒什麼」、「也許」、「所有」及「或者」……等

這些看似完美、清楚的問題陳述上。

　　當然在學校裏我們學過，在問題陳述時使用隱晦的詞句是「不公平的」──這又再次證明了，學校的教育無法使我們有能力可以對抗長春藤圍牆外的不公平世界。很多人只因為誤解了一個詞、放錯了一個標點、或說明得不夠清楚，而平白損失幾萬、幾十萬、幾百萬美元，類似的例子，任何程式設計師都可以舉出十幾個。

　　舉例來說，程式設計手冊裏的這段說明：

「這些例外資訊將也會出現在文件XYZ。」

（The exception information will be in the XYZ file, too.）

程式設計人員的解讀是：

「這些例外資訊的**另一個出現點**是在文件XYZ。」

（*Another* place the exception information appears is the XYZ file.）

於是他假設，如果是這樣，那麼這些例外資訊一定也會被複製到其他地方，所以，我不需要再為自己的程式保留它。

　　事實上，程式的作者想表達的意思是：

「在文件XYZ中，例外資訊也是其中一種包含的資訊類型。」（Another type of information that appears in the XYZ file is the exception information.）

當中完全沒有「資訊會被複製到其他地方」的暗示，事實上，它真的沒有其他備份。然而，因為解讀上的誤差，寶貴的資訊就這樣消失了。等到錯誤被察覺，資訊早就已經消失無蹤，並且造成了50萬美元的損失——只因不小心加了個「也」（too）字。

當50萬美元就這麼消失不見，一定會有人腦袋不保。此時，應該對**誰**開刀？是作者，還是程式設計師？如果你問的是一位英文老師，他們大多會把錯怪到作者的頭上。如果你問的是專門教導如何解決問題的講師，他們則會把程式設計師推向斷頭台。難道沒有人喜歡不流血的方法嗎？

我們可以提醒所有的作者，一個清楚、容易理解的問題陳述是多麼重要，直到他們被這些廢話淹死。或者，我們也可以提醒所有的問題解決者，解讀問題時必須更加小心，然而，他們頂多也只能「盡量」而已。如果過去的經驗值得參考，那麼，我們就會知道這些做法其實都沒有用。不管你多麼努力，只增加努力的**數量**是不夠的。因為你永遠無法確

定，**每個人**對同一句話的解讀是否都相同。

我們需要的是一種反覆的過程，透過這樣的過程，把文字從白紙上灌輸到人們的腦袋裏。其中一個例子就是玩文字遊戲：

> 一旦你用文字來描述一個問題，請不斷調整你的遣詞用句，直到它進到每一個人的腦袋裏為止。

每一次的調整都是在幫問題打上一些光，藉此突顯出大家對於文字理解上的差異。看看以下這個簡單的事實陳述：

瑪麗從前有一隻小羊（Mary had a little lamb）。

讓我們來個文字遊戲，藉此把問題清楚地突顯出來。比方說，按照順序一次「**強調**」一個詞，像是：

瑪麗從前有一隻小羊。（相對於**約翰**有一隻小羊）

瑪麗**從前有**一隻小羊。（現在已經**沒有**）

瑪麗從前有**一隻**小羊。（不是**很多**，只有一隻）

瑪麗從前有一隻**小**羊。（如你想的，不是**大隻**的）

瑪麗從前有一隻小**羊**。（那隻**狗**是亨利的）

你甚至可以同時強調兩個、三個、四個、甚至五個詞，每種

組合都可能為看似「簡單」的事實陳述帶來不同的含義。

　或者，也可以試試**字典法**（dictionary approach）。把句子當中的每個字查詢字典，整理出每個字可能代表的意義列表，然後，每次以一種意思回去解讀原先的事實陳述。

　在字典遊戲裏，大多數的情況是，看似瑣碎的字詞影響力反而最大。比方說，had。在《美國英語傳統字典》（*American Heritage Dictionary of the English Language*）裏，我們發現「had」同時是「have的過去式及過去分詞」，光是這樣，就造成了文法上的模稜兩可，如果我們直接跳到第604頁，我們會發現「have」有超過31種不同的意思。就連冰店也很少有同時提供這麼多口味的冰！

have的第一種意思符合我們原先對句子的理解：

（1）占有，成為某人的資產；擁有。

然而，第二種意思則會讓我們有些猶豫：

（2）兩者有所關聯或是有種特殊的關係，像是：**生了**三個小孩（have three children）。

如果引用這種意思，原先的陳述會變成一個典型的笑話：

瑪麗生了一隻小羊（Mary had a little lamb），
這是醫學史上的創舉。

如果掃描整個列表，我們可以編出自己專屬的笑話或解
釋。其中包括：

（4）某個人腦袋裏的想法；抱持著：**抱著懷疑**（have doubts）。

（6）賄賂或收買某人。

（7）吸引某人的注意；使某人著迷。

（8）戰勝，或擊倒。

（9）欺騙，作弊，或耍花招。

（10）跟性有關的占有。

（12）接受或承受：**我將拿到這件灰色夾克**（I'll have the gray
　　　jacket.）。

（13）享用；消耗，像是吃或喝。

剩下的你可以自己試試看。還可以試著修改「小」、
「羊」、「一個」、「瑪麗」，還有你的下一個問題陳述。

　　比起那些討厭的解決方案，文字遊戲通常比較簡單。為了確保自己在將來可以正確解讀各種的問題定義，我們應該事先準備好各種文字遊戲。底下，是我們曾經玩過的一些遊戲，每一個都曾經幫助某人避免了上百萬美元或甚至更多的損失——文字遊戲的黃金列表：

（1）改變強調的部分（就像前面的例子）。

（2）把肯定句換成否定句，反之亦然。

（3）把MAY換成MUST，以及把MUST換成MAY。

（4）把OR換成EITHER OR，反之亦然。

（5）把AND換成OR，反之亦然。

（6）挑一個有明確意義的詞彙，然後在每次該詞彙出現的地方，用它的明確意義來取代它。

（7）針對每一個ETC.、AND SO FORTH、AND SO ON，為它們加上一個更清楚的實例（試試看這個方法）。

（8）找出文中**希望說服別人**的詞彙或片語，像是OBVIOUSLY、THEREFORE、CLEARLY或是CERTAINLY。針對這些

瑪麗從前有一隻
小羊，
燕麥片跟雪
一樣的白⋯⋯

詞彙或片語，以它們實際代表的那個論點來取代。

（9）試著根據某些句子或段落的內容陳述，畫成一幅畫。

（10）以方程式來表現一段文字。

（11）以文字來表現一個方程式。

（12）試著透過文字，說明一幅畫所想要表達的意義。

（13）把 YOU 換成 WE。

（14）把 WE 換成 YOU。

（15）把 WE 和 YOU 換成是 BOTH PARTIES。

（16）把 A 換成 THE，把 THE 換成 A。

（17）把 SOME 換成 EVERY。

（18）把 EVERY 換成 SOME。

（19）把 ALWAYS 換成 SOMETIMES。

（20）把 SOMETIMES 換成 NEVER。

用你熟悉的素材來玩這些遊戲。比方說,你可以拿以下這句經典名言來試試:

WHERE THE SKIES ARE NOT CLOUDY ALL DAY.

(天空不會整日陰霾。)

之後,你也可以拿自己的問題定義來試試。不用多久,你就會知道文字遊戲是多麼重要的一項武器,而且,到時你會希望至少再多找**20個以上**的文字遊戲來充實自己的箭袋。

如果你覺得這數字聽起來很不可思議,建議你可以先試試字典遊戲,自然你就會有所體會。事實上,如果把字典遊戲融入上面的文字遊戲,不用多久,你就會變成問題定義領域的威廉泰爾(譯註:威廉泰爾是西元十四世紀出生於瑞士的一位神射手。作者的意思是,你會成為準確定義問題的神射手)。

第四章

這是誰的問題？

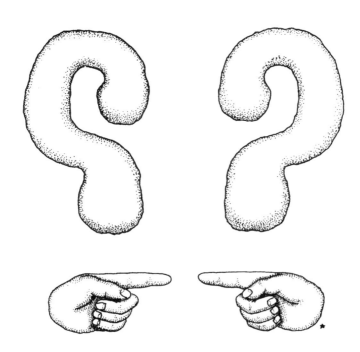

11 教室裏的抽菸問題

　　每個禮拜三下午，一位優秀的老師會教導十一名學生，上三個小時的問題解決課程。出乎他們意料的是，十一位同學當中，有一位有抽菸的習慣。

　　教室的空間並不大，空調也不好。但是，香菸很便宜，而且，味道也滿濃的。第一個小時的課一過，除了最矮小的那個同學之外，其他人都聞到了菸味。雖然幾位身高較高的同學已經露出了不悅的神情，但是，抽菸的那位同學還是自在地吞雲吐霧，完全不覺得有什麼問題。對於身為問題解決者的老師來說，這很明顯就是個問題——或者很快就會是個問題。

　　在繼續往下看之前，請先思考一下上面的這個案例，然後，為底下的問題挑選出一個答案：

這是誰的問題？

（a）那十位不抽菸的同學

（b）那位抽菸的同學

（c）老師

（d）教務長

（e）校長

（f）以上皆非

（g）以上皆是（包括選項f）

　　考量現實的情況，答案絕對不會是（c）老師，因為，從小他就和有菸癮的老爸一起生活，他很能適應污濁的空氣，所以，抽菸對他來說是很正常的壞習慣。至於教務長或校長，就和往常一樣，他們根本不了解事情的來龍去脈，所以，問題也不會是他們的。經過篩選，答案就剩下（b）那位抽菸的同學，或是（a）那些不抽菸的同學。

　　到了第二堂課，老師因故遲到了十分鐘。因為這位老師地位崇高，所以學生們決定在教室等他。抓住這個機會，一位不抽菸的同學決定召開一個問題解決會議，討論教室的空氣污染問題。當老師姍姍來遲，會議正熱烈地進行著。包括那位抽菸的同學也熱情地參與討論。可能是因為這堂課的主

題剛好就是討論如何有創意的解決問題，所以，老師睿智地決定讓會議繼續進行下去。不過，在會議中他只有旁聽的權利。

所有可能的解決方案被列在黑板上，其中包括：

（1）所有同學在上課之前，都先打電話給抽菸的那位同學，提醒他不要把香菸帶到課堂上。

（2）指派當中一位喜好晨間活動的同學，請他在早上四點半打電話給抽菸的那位同學，問他為什麼要在前一堂課抽菸。

（3）他們會把抽菸那位同學的車胎放氣——抽一次菸放一次氣。這就是俗話說的，以眼還眼，以空氣換空氣……。

會議大約進行了一個小時，透過愉快的討論過程，抽菸的那位同學知道了大家的想法——在不感覺被侵犯，也不覺得需要防範別人的情況下。

會議主席詢問抽菸的那位同學，上面哪個點子是他覺得可以接受的，或者說，哪個點子只要適當的修改，就可以接受？很快的——幾乎同時——抽菸的那位同學表示，他很願意不再在教室裏抽菸，因為，他不希望被大家厭惡（甚至，

他希望這麼做之後可以更受歡迎）。主席為了讓這個討論可以呼應到課程的主題——如何有創意的解決問題——於是，他要求每一位同學，在每一週，都帶些比香菸還要美味——或至少有趣——的零嘴到課堂上和其他同學分享。

同學們對於這個建議都欣然接受。很快的，香菸的氣味消失了，取而代之的是各種含有上千卡路里奇怪的食物，像是——甘菊餅乾、胡蘿蔔蛋糕、烤雞翅披薩、青蕃茄派、結合雙份巧克力與苜蓿芽的軟糖……等等零食。這門課一直到學期末都進行得很順利，同時，大家也胖了不少。

值得我們好好思考的是，如果當時老師選擇的是答案（c）——問題是**老師**的——那麼結果又會如何？他可能會：

（1）規定課堂上**禁菸**，強迫那些喜歡抽菸的同學放棄修課或是忍住菸癮。

（2）規定課堂上是**可以抽菸的**，強迫那些不抽菸的同學離開教室，或是忍住菸味直到想吐為止。

（3）規定哪幾堂課可以抽菸哪幾堂課不行，或是哪幾小時可以抽菸哪幾個小時不行。然而這樣的解決方案，雙方是都不會滿意的。

不過，老師十分聰明，當時他並沒有作出任何規定，因為，他遵守著自己的一個問題解決信條：

**不要急著幫別人解決問題，
當他們自己就可以處理得很好的時候。**

不只是因為和問題有利害關係的相關人，必定對問題有較多的了解和感受，而且，如果解決方案是「他們」自己提出的，基於自尊心，他們會很關心自己提出的解決方案最後是否奏效。畢竟他們已經花了時間——整個學期45小時課程中的90分鐘——這使他們相當期待解決方案能夠成功。

相反的，如果相同的建議是由老師基於自己的權威地位而提出的，那麼，建議可能不會被接受，或者，就算接受，也不會被充滿熱情地實踐。我有一個朋友，是個很迷糊的教授，他常常在高級餐廳飽餐一頓之後，才發覺自己身上沒有半毛錢。遇到這樣的情況，他通常只是面帶微笑，對著餐廳的負責人說：「我們有了一個麻煩。」你能想像如果他說的是「你有了一個麻煩。」或是「我有了一個麻煩。」結果會是如何？

如果這是他們的問題，就讓它成為是他們的問題。

我們有了
一個麻煩。

12 校園裏的停車問題

一所大型的州立大學最近剛蓋好了一個新校區，不過，當新校區一蓋好，他們馬上就面臨了自從汽車發明以來就存在的問題——停車問題。剛開始，新校區的停車位還多得用不完——事實上，當時的確到處都是停車位。然而，像是為了消耗過多的停車位似的，新的大樓一個接一個在停車場的空地上蓋了起來。隨著這些新大樓的啟用，校園裏學生的人數成長了三倍，教職員成長了兩倍，管理人員更成長了五倍。此時，停車就真的變成了「問題」。

為了把權利還給所有人（我們覺得這是合理的，只要我們也是所有人之一），學生暨教職員理事會決定取消所有的保留車位，殘疾人士的除外，當然，校長的也除外。儘管校園內還是有足夠的車位供任何到校拜訪的車輛停放，不過，大部分的停車位都距離教室或辦公室500公尺到1公里的距離。

另外一則重要的資訊則是和氣候有關。當地的氣候通常很惡劣。事實上，在這兒你只感受得到三種不同的季節——

雪天、泥濘天以及塵埃天。

在繼續往下看之前，請你先試著回答這個問題：

這是誰的問題？

(a) 學生

(b) 教職員

(c) 大學校長

(d) 州議會

(e) 州長

(f) 以上皆非

(g) 以上皆是

先簡單篩選一下，我們知道(d)和(e)都不會是答案。(c)也許是，不過，因為校長自己就有一個保留車位，所以，很難把他和這個問題扯在一起。雖然，校長是有權利推翻理事會的任何「決議」——就在他們真的想做些大事的時候，不過，因為他從來沒有尋找停車位的麻煩，所以，問題不可能是他的。

在這個社會上，我們看過許多的問題是出在那個「負責」解決問題的人——例如系統的設計師或決策的高層主管——他們自己根本沒有體驗過問題。舉例來說，紐約市警局的長官們每天都是由司機開著豪華轎車，接送他們在市區穿梭，塞車或搶劫對他們來說根本不是問題。另外，即使菸灰缸都還沒用滿，汽車大廠的設計師們就會又收到了一輛全新的車子，對這些人來說，車子的維修費用或品質問題又有什麼意義呢？

在「故事一：一個問題」中，在雷龍大廈工作的員工，也曾有過類似的情況，當時，為了讓房東也能同樣感受到問題的嚴重性，他們採取了某種策略。他們的策略，簡單來說就是：

如果一個人是因為職位而被迫處理和他無關的問題時，你要做的就是——讓他和問題也產生關係。

學生們也決定採取這樣的策略，他們把車子直接停在校長的車位上。雖然把車停到校長的車位上一定會被開單，不過，因為罰款是由學生們共同分擔的，因此，平均下來每個人的負擔並不多。

不幸的是，校長並沒有正確地解讀學生們的行動。他透

過官方的管道宣佈，任何把車停到**他的**車位的學生馬上會被退學。這專制的政策解決了**他的**問題，從此，問題不再是**他們的**，而是那個把車停在校長車位上的人的。「各個擊破」是反制「這是我們共同的問題」的一種策略——它對那些希望問題**最好不要解決**的人來說，通常十分管用。它也是大學校長及其他獨裁者最喜歡使用的一種技倆。

大學生喜歡接受挑戰。他們花了幾個禮拜的時間研究，該如何回應校長逐漸升級的行動。直到有一天，校長車子的四個輪胎都被放了氣。校警被指派去為消了氣的輪胎重新打氣，沒想到隔天發現輪胎不只沒了氣，而且被刺破到無法再打氣的地步。最後，警衛被要求24小時守在校長的車子旁邊，不過，如此一來，校園裏唯一的一位警察就被綁住了。當學生知道不會有人到處開單之後，他們開始到處亂停車——停在草地、馬路，甚至是殘障人士的保留車位上。

在這個時候，學校裏的一些教職員工卻決定採取一種新的、不一樣的問題解決技巧——「往你認為不可能的角度去想」。針對「這是哪些人的問題？」的議題，他們決定採取第一人稱的角度來回答：「這是我的問題。」

「我的問題」和「我們的問題」這兩者之間並不完全衝突。它提醒了我們，有可能真的是自己疏忽了某些地方，而

他們花了幾個禮拜的時間
研究該如何回應校長逐漸
升級的行動。

不要每次都把錯怪到別人頭上。比方說，我們總是把「污染問題」怪到「政府」、「大企業」或「那些漠不關心的人」的頭上，然而，我們自己所做的，不過是寫寫抗議信給國會議員或新聞媒體罷了。如果我們可以放下自己的傲慢，把問題當作是自己的，我們才有機會為「污染問題」真正作出**一些貢獻**。

當這些人把停車的問題看成是「自己的問題」，問題就從原先「沒有足夠的停車位」變成：

（1）是我自己太懶了，連走一點路都不願意。

（2）是我自己太晚起了，而且，好的車位本來就不多。

（3）沿路上，其實有許多有趣的東西，我應該把握機會看一看。

（4）如果我自己的身體夠好，我連腳踏車的車位都不需要。

（5）是我自己太奢求「在壞天氣必須能舒舒服服的上班」。

（6）是我自己害怕摸黑走路。

（7）如果要走一大段路，我希望有人陪伴。

（8）我不想浪費太多的精力。

（9）我擔心在雪地上走路會滑跤。

（10）如果我必須走一大段路，那麼我上課一定會遲到。

以上的這些看法可以幫助我們擺脫問題的束縛，因為它讓我們看出了原先問題的虛幻本質，並藉此修正自己對於現況的期望。

　　有些員工能夠把運動看成是件好事，其實他們早就知道這一點，為何不試著把工作**和**運動結合在一起，而不是硬把兩者分開？比方說，以往為了參加網球俱樂部的活動，急急忙忙地趕回家準備。

　　有了這樣的思維，這些有學問的教授已經把問題從「我該怎麼找到**最近**的停車位？」轉換成「我該怎麼找到**最遠**的停車位？」——你看，問題就這樣消失了。當天氣不好的時候，他們會穿上登山鞋，藉此他們克服了對於惡劣氣候的恐懼感。事實上，舒適感的增加並非是因為他們找到了停車位，而是因為他們穿著了以舒適——而非好看——為設計理念的登山裝備。此外，透過找出新的路線，並沿路觀察有什麼新鮮事，這讓走路變得更有趣了。有一位教授還把計步器

帶在身上，記錄他每天走了多少「公里」——他還因此發展
了一套自己的十進位系統。另一位教授則是會沿路彎下腰，
把看見的垃圾撿起來——每次旅程，他至少可以撿到十種垃
圾——他真的為「環保」做出了一些貢獻，同時，他的小腹
也越來越消下去了。

　　想到以前浪費了那麼多的時間，開著快車，拼了命想找
到一個最近的停車位，他們納悶自己為何沒早一點處理掉這
個問題。現在，他們知道只要遵守下面這個簡單的原則：

試著指責自己一下——即使只花一點點的時間。

問題自然就消失了。

　　平心而論，我們不能說所有人的問題都解決了。幾年之後，我們還是會看到許多人紅著臉、內心充滿憤怒、開著車消耗著寶貴的汽油在校園內繞來繞去，只為了找到**那個**完美的停車位。事實上，的確很少人──少到可能只有一、兩輛老爺車，會真的停到校園的「外蒙古區」──距離最遠的那座停車場。不過，至少對於這幾位老爺車的車主來說，問題是真的解決了。

13 隧道盡頭的燈

通往日內瓦湖的一條隧道最近剛剛完工。就在隧道即將正式啟用之前，總工程師才發現她忘了提醒駕駛人，在進隧道之前記得把車燈打開。儘管隧道本身的照明設施並不差，不過，車主最好還是開燈，否則萬一突然停電，後果將不堪設想——畢竟在山上，停電是很正常的事情。

於是他們設了一個標誌，上面寫著：

警告：前有隧道，請把你的車燈打開。

標誌放置在隧道的入口處，隧道終於如期通車，大家都鬆了一口氣，因為問題已經被解決了。

在隧道出口往東約400公尺處，是世界知名的一處景點，在那兒，你可以俯瞰連綿不絕的湖光山色，每天都有上千名遊客來欣賞美景、做做簡單的運動、並享受一份精緻的「野餐」。然而，在幾千位遊客當中總有至少十幾位，就在他

們的身心充電完畢、準備開車回家時，卻發現自己車子的電瓶沒電了，因為，他們的車燈忘了關！警察想辦法幫他們的車子充上電，以便車子可以重新啟動，不然，只好找拖車來了。這些遊客向他們的朋友抱怨，並發誓從此不再到瑞士去旅遊。

和往常一樣，請你先停下來問問自己：

這是誰的問題？

（a）駕駛人

（b）乘客（如果有的話）

（c）總工程師

（d）警察

（e）州長

（f）汽車協會

（g）以上皆非

（h）以上皆是

碰到這類型的問題——問題當中有個明確的「設計師」或「工程師」——通常我們很直覺會把問題怪到**她**（工程師）的頭上。不只是駕駛人會覺得這是工程師的問題，就連工程師本身也會這麼覺得。包括了系統分析師、工程師或設計師們都認為，**自己**本來就該承擔起所有的責任。

回到這個故事，了解了這個情況，總工程師開始思考各種可以提醒駕駛人和乘客的方法：

（1）她可以在隧道盡頭設置一個「請關車燈」的標示，不過這樣一來，就連晚上開車的人也會把燈關上……

（2）她可以不理會這個問題讓人們……是的，反正問題都已經發生了，而且，政府官員們也早已覺得她們的表現不好。

（3）她可以在景點旁設置一個充電站。不過，要維持這個充電站的運作，必須花上不少錢，而且，如果某一天充電站突然故障了，大家一定會更生氣。

（4）她可以把充電站外包給民間單位來經營。不過如此一來，風景區可能會變得十分商業化，不論是對於政府或遊客來說，這都是無法接受的。

（5）在隧道盡頭的那個標示，應該寫得更清楚一些。

　　總工程師直覺的想法是：總有辦法把它寫得一清二楚吧！經過不斷推敲，她最後完成了一件符合瑞士人細心特質的傑作：

> 如果現在是白天，而你的燈是亮著的，
>> 那麼，請把你的燈關上。

> 如果現在是晚上，而你的燈是關著的，
>> 那麼，請把你的燈打開。

> 如果現在是白天，而你的燈是關著的，
>> 那麼，就讓你的燈關著。

> 如果現在是晚上，而你的燈是亮著的，
>> 那麼，就讓你的燈亮著。

不管是誰，等到他讀完上面這段文字，可能早就已經衝破護欄、連人帶車掉到了湖底。這絕對不是個好主意。如果要寫得那麼詳細，要不要乾脆連喪禮都一起寫進來？一定有更好的方法！

　　總工程師決定要捨棄如此複雜的說明，改採「這是他們

的問題」的策略——只從工程師的角度，適時給予他們一些**小幫助**。她假設，駕駛人本身就有很強烈的意願要解決問題，而他們需要的是一個小小的提醒。同時，她也假設駕駛人——如果他們都是考過駕照的——應該不至於太傻。他們需要的，不過是在隧道的盡頭可以看到：

你的燈亮著嗎？

的一段小小的提醒。如果他們連**這樣**的文字都無法理解，那麼，電瓶沒電對他們來說，應該只是最小的一個問題。

就這樣，這個標示解決了駕駛人的問題，而且，由於訊息夠簡短，所以上面還能塞進別種語言的說明。經過了這個事件，工程師們永遠記住了他們學到的一堂課：

如果人們的燈真的亮著，那麼，一個小小的提醒，
可能會比你那些複雜的解決方案還來得有效。

你的燈亮著嗎？你想通了嗎？

第五章

問題是從哪來的？

14 珍娜・賈沃斯基
遇到了麻煩

　　在冷戰剛結束的那個時期，珍娜・賈沃斯基（Janet Jaworski）決定拿出她畢生的積蓄，到波蘭去探望她的祖母。在取得簽證之前，她必須完成好幾項繁瑣的書面作業，包括：填寫五種不同格式的表單、拜訪三位公證人以取得他們的背書（等待時間短則三天，長至六個禮拜）、四通長途電話、九封書信往來、以及聘請兩位翻譯員的費用。好幾次，珍娜幾乎已經放棄，不過她知道她的祖母已經84歲了，如果她現在放棄，可能就再也無法見她老人家一面。

　　好不容易簽證終於拿到了。於是，她搭機先前往蘇黎世，然後再轉機到波蘭首都華沙。為了完成入境審查，她總共排了三次隊伍。最後，她被帶到一間灰色的辦公室，裏頭坐著一位面色灰白的官僚，穿著一套灰色西裝——風格和房間的裝潢十分搭調——在那兒等著她。大約有五分鐘的時間，官僚一直盯著抽屜裏的文件看，好像完全不知道有人進

了辦公室。突然間,他拿起了桌上的文件,相當不以為然地看了看上面的照片,瞅了珍娜幾眼,然後問道:「賈沃斯基夫人嗎?」

「是賈沃斯基**小姐**。」珍娜以她最禮貌也最友善的口氣回答。

灰臉先生故意清了清喉嚨,表現出他認為未婚女性不宜獨自旅行的道德觀。接著,他的食指一行一行掃描著她的文件。「喔,沒錯,賈沃斯基**小姐**。」說完他把椅子往後移了幾吋,順勢將雙手放在桌緣。「賈沃斯基**小姐**,**為什麼**妳想來波蘭旅行呢?」

「我要去奧斯特拉達探望我的祖母,在文件上我有提到。」

「嗯,我看到了,賈沃斯基小姐。不過,因為妳的文件不夠完整,所以我想再確定一下,是不是哪裏錯了。」

珍娜的指尖開始顫抖了起來。如果這感覺持續延伸到她的肩膀,她一定會手足無措。「不完整?有什麼東西遺漏了嗎?」

「妳自己看看,」說完,他把一隻手攤開,「公證人的文件影本,總共應該有八份才對,不過,」他攤開另外一隻手說道,「現在這裏卻只有七份。」

　　說完，灰臉先生再次把雙手放回桌邊，同時身體往後靠了幾公分，表示該是珍娜回答的時候了。珍娜努力讓自己的顫抖從手腕回到指尖。她知道自己遇到了問題——一個必須保持鎮定，才可能解決的問題。對於從小在美國長大的她來說，波蘭的官僚體系她是完全一竅不通。儘管她曾經猜測，應該有一種文化是同時影響著全世界的官僚的，不過，她知道這畢竟只是猜測。她認為，自己需要時間好好思考一下，並且獲得更多的資訊，於是，她盡量以最平和的口氣回答道：「另外那一份**怎麼可能**憑空消失？我確定當我收到簽證的時候，它還是在的。也許它還在我的行李箱裏，或者，會不會是您的助理在路上搞丟了？」

　　灰臉先生突然用波蘭話，對站在門邊的助理下達了一些指示。珍娜一直沒有注意到這位助理，不過，現在她感覺，也許他的存在可以為她的問題帶來一些線索。也許，灰臉先生想接受賄賂，只是因為助理在場而不好開口。這位助理的英文可能不太靈光，頂多只懂剛剛交談的那幾句。也許，這個助理也想被賄賂，不過，整個看起來，應該不是這樣。珍娜想著，嗯，那麼問題到底是從何而來？

　　面對這樣的情況，把問題歸咎到「官僚主義」似乎是最合理的。就像你過去也曾聳聳肩說道：「這是很**自然**的，或

者說**人性本是如此**，發生這種事也只有認了。」

如果問題是「自然」而來，那麼，通常它會是最棘手的。主要的原因有二：首先，如果問題的起源是如此的遙遠，我們通常會感到特別的無力。事實上，為了讓自己可以免除努力解決問題的責任，我們通常會把問題歸咎於自然：「比方說，我們常把暴飲暴食、奢望得到不可能得到的東西、或浮報費用，視為人的天性。」

第二個原因，是來自於自然的中立性。如果我們可以把問題歸咎給某個**人**、某個**實際的**物體或行動，那麼，我們就有了解決問題的立足點。透過找出問題的始作俑者，分析問題產生的動機，我們就有機會可以解決問題，或者，至少把問題的傷害降到最低。然而，如果問題是**自然產生的**，那就當然**沒有**任何動機可言。愛因斯坦曾經說過：「自然雖然狡詐，但卻沒有惡意。」因為自然對於我們以及我們的問題而言是如此的中立，因此，相對地它反而是最難處理的。

珍娜面對她的簽證問題，她發現自己傾向於把問題歸咎於「官僚主義」。如果她屈服於這樣的誘惑，那麼她就是把整個的旅程——以及畢生的積蓄——交給了「命運」。所謂「命運」，不過是「自然」的另一種稱呼，如果你不想作任何努力，它就是最好的藉口。為了不讓自己負擔那麼大的風

險，珍娜決定提出一個關鍵性的質疑：

問題是從何而來？

從這個問題出發，她建構出一長串的可能答案，比方說：

（1）真的是助理搞丟了那第八份的影本。

（2）是她自己搞丟了，或者，她根本沒準備好第八份影本。

（3）灰臉先生只是一個無能的官僚。

（4）灰臉先生是一個稱職的官僚，不過，他除了讓珍娜進入
　　　波蘭看她的祖母之外，還有其他的目的。

（5）遇到這樣的例外狀況，灰臉先生其實沒有權力做決定，
　　　所以，問題應該跟他的老闆有關。

　　珍娜知道自己還可以找出更多可能的答案，不過在此之
前，至少她已經不把問題歸咎於「自然」，改從建設性的角
度來看待這個問題，並試著找出可行的決定性行動。

15 曼特茲亞斯安先生
解決了問題

　　在現代都市工作的我們，很少有機會看到原始的大自然。不用知道今天的太陽有沒有出來，我們都可以埋頭苦幹一整天。對我們來說，官僚才是大自然。如果，我們不知道也不關心老闆現在是否面帶微笑，我們可能連一個小時都過不了。

　　因此，我們很容易把官僚當作一種「自然」的現象──就像和煦的太陽、涼爽的沙灘或大口吃著腐魚的蛆……等等一樣自然。不過，官僚總是來自於某種**遴選**過程──一種絕不「自然」的遴選。近來我們曾聽過所謂的彼得原理（Peter Principle）──官僚在一個組織裏會不斷地被提拔，直到一個自己能力無法勝任的職位為止。更近一些，我們又聽到了所謂的保羅原理（Paul Principle）──在現代化的組織裏，工作的困難度會不斷增加，直到超過官僚的工作能力為止。這樣的遴選過程的確存在，但這些只是把特定人士安置到組織權

力層級中的特定職位的一部分例子而已。

在古代，觀察家們就曾經注意到這樣的遴選過程，並以道德的口吻來描述它。羅伯特·彭斯（Robort Burns，譯註：十八世紀蘇格蘭知名詩人）的一首詩〈大學院長〉（*The Dean of the Faculty*）就是很好的例子，當中描述了大學傑出人物的遴選過程。在詩的某一節，記錄了彭斯在學院內向大家傳授的一段話：

> **各位閣下，你們就像是個君王，**
>
> **對你的奴僕來說，這令他們感到震驚，**
>
> **他們越是無能，就越符合你的喜好。**

換句話說，如果候選人越缺乏承擔這項工作的能力，那麼就會越感激指派工作給他的那些人。雖然這種想法並不能讓珍娜感到輕鬆，不過，至少給了她該從何處開始的線索。

那個默默坐在桌子後面，等待行李被運送出去的官僚機器人，想必也經過某種遴選過程——就像大學院長、銀行副總裁以及其他中階主管一樣——而且是因為他的無能。他只需對他的主管負責，而不用為工作上的困難負什麼責任。「真的是這樣嗎？」珍娜想著，「難道灰臉先生真的連處理影本遺失這樣的芝麻小事都**沒有能力**處理？如果是這樣，我應

該直接找他的主管才對。」

「還是說，問題是出在他的主管？」珍娜知道，可能還有另一種遴選過程進行著——長官會選擇那些能夠防止客戶把事情鬧大的屬下。如果底下的人沒辦法阻止這些客戶，那麼他們就必須放下手上的工作，跳下來自己解決問題了。「按照這樣的邏輯，」珍娜思考著，「灰臉先生之所以被**選**了出來，可能就是因為他的愚蠢及倔強。」

不過，灰臉先生的行為舉止還參雜了一些不禮貌，至少從珍娜的美式觀點來看。當一位官僚有些不禮貌的舉止，或許，我們該問的問題是：

不禮貌的態度是從何而來？

「他可能只是想嚇嚇我，讓我不敢直接找他的主管。不過，他也是冒著風險的，因為，我可能因此大發雷霆，堅持要找他的主管，抗議自己受到的不禮貌待遇。」珍娜想起自己曾經在某個地方讀到，大部分的公務人員當發現自己**沒有做重大決策的權力**——例如，讓少了一份影本的簽證過關——通常會變得憤怒，不禮貌也是因此而來。他們之所以不禮貌，是因為你提醒了他們在職場上的卑微地位——他們不能滿足你的合理要求。

　　珍娜在思考，是否該直接找灰臉先生的主管。她的想法是，不管問題到底從何而來，先提高處理問題的層級準沒錯。她可以面帶微笑，堅持要和他上面的主管見面。按照這個策略，她應該可以取得入境波蘭的許可證──因為灰臉先生絕不希望打擾到他的上司。或者，只要她可以遇見真正負責的主管，不管對方的態度是禮貌或是愚笨，問題都一定可以解決。畢竟，第八份影本和前七份根本沒什麼差別，用影印機就可以印出來，所以，珍娜認為，只要她遇見了官僚體系中稍微有點頭腦的人，問題一定可以迎刃而解。

　　等一下，如果整個官僚體系**都沒有**任何有頭腦的人怎麼辦？難道所有的波蘭笑話都是真的？事情最慘會變得怎樣？難道，灰臉先生真的笨到沒有能力處理第八份影本遺失的問題嗎？

　　「還是，是我自己用了偏頗的角度在看待官僚？並不是所有的遴選都是由高層來執行的。何況，灰臉先生相對於他的老闆，已經花了許多時間對付像我這樣的旅客。**這些旅客**對待他的方式，一定對他造成了某些影響。他之所以會對我的問題及請求擺出不妥協的態度，也許就是因為，過去曾經有好幾千位的旅客都用相當無禮的態度對待他，只把他當作一個冷酷、呆板的政府官員。難道，問題的根源是**我自己**？」

「做為一個開端，」珍娜決定，「我不要再把他當成是灰臉先生。嗯，或許我可以稱他是熱情先生。或者，其實我應該知道他的名字！過去，好幾次，我自己也曾因為被當成了無名氏而十分不高興，然而，我自己也好幾次忘了請問那些服務生的貴姓大名。」

珍娜把她的椅子往桌前靠，此時她才發現，自己之前一直是以蔑視的姿勢坐著。「先生，很抱歉，我還不知道您的大名。儘管我們家是從波蘭移民到美國的，不過，我對於波蘭的姓氏還是不太熟悉。」

熱情先生原先還盯著文件看，不過，現在他把頭抬了起來，並且因為驚訝而顯得有些放鬆。「賈沃斯基小姐，敝姓曼特茲亞斯安，杰・曼特茲亞斯安（Jan Matczyszyn）。」

同時，他把肩膀往前一靠，表現出希望和對方握手的樣子。珍娜想起過去父親曾教導她，歐洲人自我介紹的禮節。於是，她把手向前伸，同時說道：「很高興認識您，杰。叫我珍娜就可以了。」

就在握手的同時，杰・曼特茲亞斯安第一次露出了笑容，這讓珍娜懷疑，曼特茲亞斯安在波蘭語裏是否就是熱情的意思。這個笑容給了珍娜繼續對話下去的勇氣。「我的祖父也叫杰，」她笑著說，「我的名字就是跟著他取的。他在戰

後，我父親前往美國之前就過世了。」

「啊，你的父親是在波蘭出生的？」

「嗯，沒錯。他曾經擔任流亡軍隊的飛行員。當他在內布拉斯加接受訓練時，遇見了我的母親，她們家族在十九世紀就從波蘭移民到美國了。這也是為什麼他在戰後沒有回波蘭的原因。」

「真是有趣。我哥哥過去也是空軍，不過，他並沒有你父親幸運。在一次的戰役中，他不幸被德軍擊落，因此，讓我成了家裏唯一的一個小孩。當時我還太年輕，不能參戰，否則，我真希望能夠幫我哥報仇。」

「也許，我的父親認識您的哥哥。我可以寫封信問問他……」

我想，不用再繼續記錄接下來的對話，因為，大部分都只和杰、珍娜及她的父親有關。任何的讀者都可以猜到，遺失的第八份影本最後怎麼樣——沒錯，它的確出現了。如果我們面對在政府單位工作的公僕，可以對他們的人性及能力表現出相當的善意及尊重，那麼，幾乎都可以激發出他們的人性及能力。以瑞士這個國家為例，這種事情一直發生著——當他們決定要在別人的戰爭中永遠保持中立——這其實相當地**自然**。銀行的出納員會協助你正確地填寫提款單。業

務員會親自帶你繞過轉角，前往倉庫拿取架上已賣光了的商品。對於身在波蘭的珍娜而言，此刻也有相同的感受，簽證的審查官員從他的口袋裏掏出了一塊錢，讓她用影印機產生那第八份的影本。只要你確定了**問題到底是從何而來**，你會發現，事情都變得十分自然，其中，最主要的原因是：

問題的起源通常和你自己大有關係。

後記：

也許這一章是本書當中，最令你不愉快的一個章節，因此，我們特別加上這段附錄，希望能給你一些激勵。當你發現，惡棍才是真正的英雄，而英雄——你——其實是個惡棍，這是多麼沉重的打擊。我們感到十分抱歉，不過，為了你，我們必須至少這麼做一次。根據我們的經驗，事實上有53.27%的問題是出在問題解決者身上，因此，我們必須安排一個章節來說明這個主題。現在，說教的部分已經結束了，你可以回過頭看看，別人是多麼的愚蠢——保證這可以馬上讓你精神百倍，同時感到心情舒暢。

16 做事情 vs. 享受榮譽

　　不是所有的官僚問題，都可以透過微笑來解決。因為，官僚通常是透過文書的形式來傳達，怎麼可能讓備忘錄面帶微笑呢？舉個例子，假設你工作的地方，經常發出如下的備忘錄：

收信人：所有在船上工作的員工

發信人：西斯・艾米耐斯（His Eminence）主任

主　題：每週的標點符號報告中，逗號的用法

最近，我注意到一個問題，那就是在每週的標點符號報告中，員工們對於逗號的使用方式很容易讓主管們感到困惑。根據我的分析，問題是出在某些員工無法區分，哪些逗號是做為標點符號，而哪些是為了呈報逗號的使用情況。

以下是我針對這個問題所作的建議，我會馬上指派一個「標點符號委員會」來完成後續的工作細節：

1. 逗號如果是做為標點符號,在形式上,應保持它在英語
   或美語中所使用的正常格式。

2. 如果是在呈報逗號的使用情況時用到逗號,那麼,不論
   是在自己或別人的說明內容裏,都必須在這個逗號的前
   後加上單引號,像是',',。

2a. 碰到情況2另一個可能的解法是,如果是在呈報逗號的
   使用情況時用到逗號,不論是在自己或別人的說明內容
   裏,都必須在這個逗號的前後加上雙引號,像是","。

現在,我把這個備忘錄寄給大家。針對這個緊急的問題,我
們希望可以蒐集到更多創新的想法,所以,請各位儘快提供
您寶貴的意見。

當看到這份不尋常的備忘錄,大家可能只是一陣大笑。
這些反應是不會被艾米耐斯看到的。這件事最後會變成怎
樣?為了得到一些線索,我們是否該再問一次:

這問題是從何而來?

當我們看到一個大張旗鼓、喧鬧不已、卻又沒什麼意義
的官僚活動的時候,也許我們正面對一個**無中生有**的問題。

或者，更準確地說，問題是**來自問題自己**。舉例來說，國際性的會議就是一個自找麻煩的經典範例。

在撰寫這本書的同時，我們剛好知道有個國際性的軍備裁減會議正在日內瓦——一個把國際會議弄得像是高級藝術展的地方——舉行。日內瓦當地的居民想著：「難道軍備裁減的**問題**真的那麼棘手嗎？否則，為什麼**會議**總是吸引那麼多人來參加？」

如果我們把裁軍會議的開會時間改到早上六點半——和所有在瑞士工作的老實人一樣，那麼，對於軍備競賽會有什麼影響？或者，如果我們把會議的座椅從原先的軟皮座椅換成硬梆梆的木頭座椅，又會造成什麼影響？或者，如果我們把餐點從原先日內瓦高級餐廳Le Senat提供的omble chevalier及pommes anglaises（譯註：魚類的高級食材），換成是美國俄亥俄州亞克朗市提供的冷凍魚板和受潮馬鈴薯條，又會造成什麼差別？

請各位不要誤解我們的意思。我們並不是反對裁軍，也不是故意要貶低這些人，畢竟，他們長期以來為全世界的和平付出了許多，偶爾來這個度假勝地放鬆一下，也是無可厚非。我們只是想點出一種可能性，那就是，問題解決的**過程**、**人員**或**組織**，都可能是問題的一部分。

在過去，當那些激進份子真的十分激進的時候，他們通常會說：「如果你不支持這個解決方案，那麼，你也是問題的一部分。」或者反過來，他們會說：「如果你支持今天的解決方案，那麼明天，你將成為問題的一部分。」這些過時了的激進派到底**怎麼了**——毫無疑問，他們自己**就是**問題的一部分。

假設，只是假設，如果全世界每個國家都突然決定裁軍，那麼會發生什麼事？日內瓦的法式蛋糕店會不會因此而關門大吉？會不會有半數以上的官僚被安排坐著二等艙，改到亞克朗市去開會？絕對不會！

從近代歷史我們可以看到，許多知名的問題解決機構，他們原先設定的問題都已經解決了，不過，**他們**並沒有因此而打包行李，搭著下一班的瑞士航空回家。沒有，的確沒有！相反的，他們又找到了**另一個**應該被解決的問題。脊髓灰質炎雖然找到了解藥，不過，美國畸形兒基金會並未因此而關門大吉，因為，還有很多重要的疾病值得研究。戰爭（任何戰爭）的結束，並不代表軍隊會因此而解散。事實上，它們會變成「常備軍」。這不代表它們可以閒閒沒事，在大多數的情況下，常備軍很快就能找到可以彰顯他們獨特能力的社會問題。

簡單來說，問題的**起源**可能根本就不存在。換句話說：

> 在問題解決者的眼裏，
> 國王、總裁或院長，就是問題的製造者。

這把我們帶回到一開始的那個問題——該如何處理和標點符號有關的那份備忘錄？

你父親的父親可能曾經跟你說過：

「在這世界上有兩種人，一種人會做事，另一種人
則是找事情給別人做。和找事情給別人做的那些人
保持距離，你就沒事了。」

或者，你母親的父親也曾經告訴你：

「在這世界上有兩種人，一種人會做事，另一種人
則是享受榮譽。和第一種人在一起吧——因為那裏
的競爭比較不激烈。」

不論是以上哪一種看法，都可以用來解決備忘錄的問題。首先，我們應該和那些產生備忘錄的人完全區隔開來。一個可行的做法是，準備一區裝潢典雅的辦公室——最好是

在這世界上有兩種人，
一種人會做事，
另一種人則是
找事情給別人做。

在最高的那棟大樓的最上層——和一般的辦公區域離得越遠越好。該怎麼讓那些管理高層願意移動到這個區域呢？你不用擔心這個問題，就像蜜蜂會自動飛到種滿三色紫蘿蘭的花田、蒼蠅會自動飛到糞堆上一樣，主管們自己就會跑到那裏，找到有著高檔書桌的辦公室內辦公，並把工人們留在地下室——坐在橘色的木箱上——繼續工作。

在我們祖父那時候，影印機還沒有發明。在那個相對簡單的時代，物理性的區隔就可以讓主管們為了產生工作而忙碌不已。到了比較先進的現在，任何一個傻瓜只要拿到了影印機的鑰匙，就可以成為博覽群書的作家。區隔，已經不再有效。從此以後，連基層員工也被備忘錄——這個難纏的問題來源——纏住而動彈不得。

我們收到了**討論標點符號該如何使用**的備忘錄，還不知該如何是好。現在，我們知道這個問題可能是無中生有，所以，我們問問自己：「如果是祖父遇到這個問題，他會怎麼做？」緊握著手上的鋼筆，我們在備忘錄的右上角潦草地寫下：

「真是個迷人的點子。讓我們來討論一下。」

同時把這份備忘錄直接回給西斯・艾米耐斯主任。（不要把它

留著，使自己的檔案越積越多—把文書部門直接當作是你的檔案系統。）

像這種文書作業的來來回回，至少要三到四次，才能讓艾米耐斯了解，如果只是讓祕書透過電話問大家何時適合開會，會是不可能開得成的。因此，最後他只好自己**裁定**會議的時間，此時，你記得要在同一個時段安排去看牙醫（所以，你的牙齒要留一個洞不要補）。等會開完了，把會議紀錄拿來，在右上角潦草地寫上：

> 「很抱歉沒能參加會議——都是為了看牙!!
>
> 那麼如何使用分號呢？讓我們來討論一下。」

可以想像，以後每當艾米耐斯寄給你一份新的備忘錄，那就代表從此你有大約一個月的時間不會受到任何行政干擾。你幾乎不用花任何力氣，不需準備檔案擺放的空間，沒有文書來回的時間耗費。尤其，對森林中有翅膀的朋友來說，更重要的是，沒有任何新的文件，除了原先給你的那一份（譯註：所謂森林中有翅膀的朋友指的就是鳥兒，作者把鳥兒比喻為信差，沒有新的文件代表信差不須負擔額外的文件往返）。把問題直接丟回它的出處，你把所有的榮譽留給主管，自己還可以多做一些事情。

你有沒有勇氣試試看？別怕，對那些專門找事情給別人做的人來說，其實他們並沒有多少機會知道你到底在做什麼。事實上，他們會喜歡你的每一份回覆。

17 考試和其他難題

　　如果你問現在的學生，嬰兒是從何而來的，他們大多數都答得出來。不過，如果你問他們，學校的考題是從何而來，他們則會說，是鸛鳥帶來的。而且，他們可能還會覺得，討論**考題是從何而來**這件事是「不當」的。如果他們真的這麼想，那就太可惜了，因為，問題的**來源**通常包含了解決問題的關鍵要素。

　　讓我們思考一下典型的家庭作業。老師為了讓學生可以應付期末考試的大屠殺，他們不斷在學生的腦袋裏施肥。聰明的學生很快就知道，每堂課的家庭作業往往和前一堂課的上課內容有關。換句話說，你不需要去煩惱電熱學的定律——如果本週上的是光和光學的話。同時，如果教授不小心把兩週前的上課內容拿來當作這一週的作業，那麼，學生們會很快糾正教授的錯誤——家庭作業的系統因此也就底定了下來。

　　到了最後，是學生自己鞏固了家庭作業的模式。雖然每

週的作業會因此變得單純，但是，當期末考一到，學生們就垮了。因為，到了這個致命的時刻，**過去十五週當中，任何一週**的作業都可能會成為考試的題目。現在，他們沒有任何線索可以知道——問題到底是從何而來！

真是好笑！學生們只會抱怨學校沒有教他們如何面對「現實的世界」——不管它是什麼——卻沒發覺，學校根本連如何準備期末考都沒教他們！

考題絕對不是鸛鳥帶來的。那些**聰明的**學生一「看到」考題，心裏想的是，題目到底是誰出的。如果你回答的不是出題教授們希望得到的答案，那麼，你真是個大傻瓜。

以博士班的「綜合」考試來說，你最好不要以為，它真的是個「綜合性」的考試。考題，事實上是來自一小群眼界狹隘的教授的小腦袋瓜。因此，第一步我們應該去推測，這些題目到底是系上哪位教授出的，還有，改考卷的會是誰。如果你跳過了這一步，忘了問：

這些題目是從哪裏來的？

你可能會犯了以下的這些錯誤：你原本應該稱讚希臘人，卻稱讚了羅馬人；你原本應該稱讚布朗寧，卻稱讚了彭斯；你原本應該讚同同值說，卻讚同了變質說。

　　畢竟，考試就是考試，它不是來自外太空的問題，因此，一定會有很多解決問題的線索。比方說，很明顯的，我們回答問題所需要的時間，不應該超過規定的考試時間。如果你的解法一定會超過規定的考試時間，不管這個方法多麼優雅，你都應該捨棄不用。

　　此外，在選擇題盛行的時代，聰明的人有時甚至可以不靠任何的解題技巧，就完成整個考試。透過對「程式人員資格考試」的一系列研究我們發現，每個和「算術」有關的問題，都不需用到討厭的算術就可以解決！的確，不管問題是什麼，它們都可以被「解決」！

　　你可以自己試試看，底下就是一組典型的答案：

（a）31938

（b）31929

（c）31928

（d）32928

（e）31828

我們都知道，這些答案都是**某個人**設計的，不是鸛鳥帶

來的。出題目的那個人希望誤導我們去選擇錯誤的答案,因此,我們只要針對答案的結構來研究就可以知道,選項(c)是「正確」的答案。為什麼?試試看就知道!

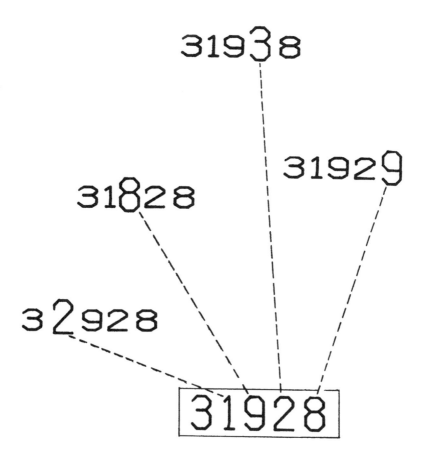

　　像上面這一組答案，誰還需要去研究問題？問題的陳述只是會浪費你的時間並且讓你分心──我們可以很有技巧地避開這樣的陷阱，只要我們記得問問自己：

問題是誰出的？
他的企圖是什麼？

　　基本上，大多數的問題解決過程都是一種猜謎遊戲。謎題的困難度是被精心**設計**來的──因此，背後有一個**設計者**的角色存在。同時我們曉得，謎題的設計者絕對不會挑選沒有一點困難度的題目來當作謎題的內容。

　　諷刺的是，「故意要讓問題變得困難」這種異常的動機，有時反而給了我們解謎的第一道線索。

　　讓我們以「西洋棋」為例。西洋棋基本上就是個很有代表性的猜謎遊戲──下棋時**絕對不會**下「意圖明顯」的棋步──比方說，直接「將軍」對方的主帥。當人們在下西洋棋時，都會反射性地問自己：「這步棋是從哪裏來的？」會這樣問，基本上就排除了這是個「意圖明顯」的棋步的可能性，畢竟，問題要有一定的「困難」度才會是個好問題。如果是這樣，你該怎麼「設計」一位西洋棋高手呢？以西洋棋的術語來說就是，該怎麼設計「問題」來考倒對手。下過棋

的人都知道，下棋時面對的不只是個單純的問題，而是設計過的猜謎遊戲，因此，他會先摒除這是個「意圖明顯」的棋步的可能性，並且花上很多時間去思考到底有沒有什麼陷阱。當最後他發現了你的詭計，一定會狠狠瞪你一眼——那心情就像學生們發現教授，是拿倒數第二章的內容來考他們一樣。

對於那些已經把整個心思完全沉浸在解出謎題的人來說，這麼**明顯的**答案無非是個當頭棒喝。拿軍方的通訊為例，如果你想混淆敵軍視聽，最簡單的做法是，傳送完全沒有編碼過的「純文字」訊息出去。因為，解碼專家們都曉得，訊息是從敵人那邊攔截過來的，因此，不能直接從字面上來解讀它。其實，大部分的狀況下，所有的軍事問題都比許多日常碰到的問題還要簡單——因為，我們知道「對手」是誰，他的特性是什麼，光是參考這些資訊，就可以大幅減少思考問題時所需考量的面向。

第六章
我們<u>真的</u>想解決它嗎？

18 湯姆・泰利斯
為玩具公司白忙一場

現在我們知道，大多數的人，在大多數的時間，都覺得自己有些問題。如果以我們對「問題」比較寬鬆的定義，這些人的想法**都是**正確的，因為，問題本來就是人的期望與現況之間的落差。

「認為自己有問題」，這是一種感覺。如果你感覺自己有問題，你就真的有問題。找出問題到底是**什麼**，則是另一個主題。無論**如何**，可以確定的是，大多數有問題的人都認為自己知道問題到底是什麼，然而，實際上他們通常是錯的。

一個常見、似是而非的例子是，我們常常以為「解決問題」是件很棘手的事。我們常聽人說：「最大的問題就是，我不是個很好的問題解決者。」才怪！**解決或解答問題**並不是什麼困難的事情──只要我們知道問題到底是什麼。學校之所以會教出這些差勁的問題解決者，那是因為學生從來沒有機會去釐清問題到底是什麼──老師**說**它是什麼就是什

麼。你相信就是了！

　　我們大部分都上過學——上得太多了。我們已經養成一種習慣，會抓住第一個看到的「問題」，然後**儘快地**「解決」它。以大家熟悉的「考試」為例，速度是關鍵，當然專心也是。因此，我們就養成了這個不好的習慣，即使我們已經離開了校園，不再被「考」。

　　不要誤解我們的意思。當你受困於學校系統，並且想盡力改善狀況時，你抓住第一個問題陳述，儘快深入地研究它，並緊緊跟到最後——你就是想這麼做。在其他地方也是這樣。以雷龍大廈的電梯問題來說，如果有人可以直接下結論說「電梯的速度太慢，應該先檢查一下」，那麼也許問題瞬間就解決了。這種「矇著眼睛，往前跳兩步的策略」通常十分管用，所以它才能一直存在著。如果它**完全不**管用，人們自然會遺棄它——當他們離開學校夠久之後。

　　「矇著眼睛，往前跳兩步的策略」存在的另一個理由是，「解決問題」是如此地吸引人。一旦我們開始處理一個重要的問題，只有瘋子才擋得住我們。我們都曾看過這類型的人：那些會在衛生局長發佈報告後就真的戒菸的令人掃興的傢伙；那些認為所有人都該聽他指揮的傢伙；還有那些總是找機會訓誡別人的傢伙。即便我們正在解決的不是「真

矇著眼睛，
往前跳兩步的策略

正」的問題，最後，它都會變成我們真正的問題，為什麼？因為，**我們**希望解決它——越英雄越好。換句話說就是，別管我們！誰允許唐和傑瑞（譯註：本書的兩位作者）可以名正言順地干涉別人解決問題的樂趣的？

這是個好問題，我倆應該好好面對，畢竟，我們（唐和傑瑞）是這世上最先破壞別人解決問題樂趣的兩個人。我們的道德權利是來自底下這句箴言：

以牙還牙，以眼還眼。

我們兩位，還有大多數的你們，都曾被一些年輕、熱心的問題解決者，剝奪解決問題的樂趣。他們打擾了我們原有的和平與寧靜——這使我們有權利去掠奪其他人解決問題的樂趣。

所謂打擾我們的和平與寧靜指的是什麼？我們可以在電腦領域舉出一個很好的例子。當電腦剛發明出來時，人們並不會對它的發明者趨之若鶩。當時，大家的態度是很被動，或很不情願的；電腦是被那些充滿熱情、認為電腦萬能的問題解決者推銷給大家的。

當時，這些問題解決者的年紀還很輕，充滿了年輕人的熱情。從他們的口號就能看出他們的年輕：

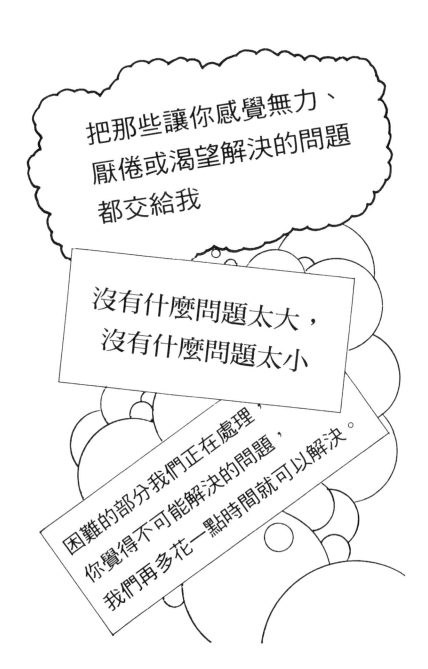

電腦深深影響了年輕人——或者，反過來說，年輕人深深影響了電腦。

每一位剛進學校的菜鳥，在他們上完第一堂電腦課之後，都認為自己可以搬動整個地球——只要給他們一台電腦以及足夠的使用時間。這是怎麼回事？老祖宗的智慧早就已經告訴我們這是不可能的。這些年輕人似乎從未關心過那些沾滿灰塵的智慧結晶？

不過，他們也不是完全沒有收穫。這些年輕的電腦專家，他們至少在為解決方案找到合適問題的過程中，學到了重要的一課——我們稱之為「解決方案的問題探求」（solution probleming）。他們一邊冒險，也一邊學習。通常，他們會學到如何定義一個問題。

他們發現，要大家把問題描述得清楚到可以滿足電腦的需求，是多麼困難的一件事。對電腦來說，即使是最簡單的一個步驟，都必須說明得清清楚楚。一開始，他們以為困難是來自於人們不善溝通的關係——這種悲觀的評估通常是正確的。不過，在大多數的情況下，溝通並不是困難的源頭。人們無法溝通他們不知道的東西——或者，他們不想知道的東西。

　　說教的部分就到此為止。讓我們來看個實際的例子。從前，有一位年輕、熱情的程式設計師湯姆·泰利斯（Tom Tireless），偶然來到一家玩具工廠。他的努力讓他突破了圍繞在主管旁的障礙。不久，他已經和公司的三位副總裁，一起坐在一間優雅的會議室裏。當湯姆向他們展示了電腦的特色之後，沒過多久，他們已經開始計算湯姆的電腦可以帶來多少的好處。

　　我們的問題解決者湯姆，在面對這群電腦新手展示了他的神奇機器之後，便詢問他們手上是否有合適的問題可以試試。有的，他們手上正好有個問題亟待解決。這家天高朗玩具公司（Tanglelang Toys，簡稱 TT）總共有三座工廠——一座位於太平洋岸，一座位於大西洋岸，第三座則是位於密蘇里河畔的堪薩斯城。從這些工廠出產的玩具，會被送到遍布於全國的50家批發商的手上。次頁的地圖標示了這些批發商的分布情況：

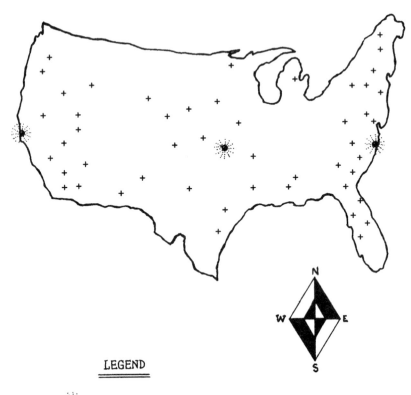

LEGEND

* TT factories

+ wholesalers

N
W   E
S

天高朗玩具公司的
工廠與批發商   北

　　副總裁們說，送貨需要花錢，因此增加了每個玩具的成本。此外，因為各批發商到工廠之間的距離都不一樣，因此，所有的運送成本也不一樣。一聽完問題，湯姆·泰利斯已經坐不住了。他本來就不習慣長時間坐著，除非是在電腦前，更不要說只是坐在那兒聽別人說話。

　　湯姆一聽完，馬上就認出這是個典型的作業研究問題，靠他的電腦就可輕鬆解決。雖然副總裁們還是不斷說明，湯姆根本沒聽進去。他知道自己碰到的問題是：

　　天高朗公司該如何把所有批發商的訂單，妥善分配給這三家工廠，使得整體成本（包含製造及運送費用）可以降到最低。

　　等到副總裁們確定這的確是他們的問題時，湯姆已經把電腦需要的所有資訊都列了出來：包括所有批發商的訂單、每座工廠的玩具生產成本、以及將玩具從工廠運到批發商那兒的費用。

　　天高朗玩具公司的行政部門需要一些時間來準備這些資訊。大約兩個禮拜之後，資料已經整齊地放在湯姆位於電腦中心的書桌上。

　　湯姆花了一些時間研究這些資料，同時他感覺到有些異

狀。看完資料之後，他打電話給所有的副總裁，約大家一起開會。

湯姆說道：「很抱歉，我必須向各位報告，我發現你們目前的做法有些奇怪。如果你們的數據沒錯的話，那麼會發生一種情形：在太平洋岸這座工廠生產一隻泰迪熊並運送到堪薩斯城，這樣的成本**居然比直接在堪薩斯的工廠生產這隻泰迪熊的成本還要低**！在堪薩斯生產的成本是 3.95 美金，而在這座工廠生產只需 3.07 美金。就算把運費 0.23 美金加上去，總共 3.30 還是比 3.95 低了 65 美分。」

湯姆把雙手放在會議桌上，強烈表達出他的感受。三位副總裁交換一下眼神之後，由當中最年長的那位回答道：「沒錯，這我們知道。」

「那麼，你們知道大西洋岸那座工廠也是一樣的情形嗎？」湯姆故意停頓一下，確保他的話大家都聽到了。「就算你把這裏生產的泰迪熊運到那裏，總共也只要 3.38 塊美金——如果直接在那裏製造，卻要 4.24 塊美金？」

「是的，這我們也知道。年輕人，你到底想說什麼？」

「嗯，請讓我再問一個問題。你們知不知道，**你們生產線上 374 種玩具每一個都是這種情形？**」

「這些我們當然都知道。這座工廠是目前全世界最先進

的一座——效率當然遠遠超過其他兩座。還有，這裏的工資也是最低的，所以我們才把工廠建在這裏。」

湯姆對於他們的愚蠢感到相當不解。「你們不知道嗎？你們根本不需要電腦來告訴你們如何把成本降到最低。」要湯姆承認這項事實是很痛苦的，不過，他還是繼續說下去：「你們需要做的，就是把另外兩座工廠關起來！所有的訂單都在這座工廠完成，然後把貨從這裏送出去！就算你不把貨直接送給批發商，而是先送到其他工廠的送貨月台再轉送出去，成本都比你們現在的方式來得低。」

「沒錯，不過，我們不能接受這樣的解決方案。」

「什麼？解決方案就是解決方案，為什麼你們不能接受？」

「因為公司的總裁就住在大西洋岸的工廠旁邊。另外，董事會主席則是住在堪薩斯城。不可能，他們是不會搬到太平洋沿岸的。」

「當然不會。」另外兩位副總裁異口同聲地說。

「如果是這樣，那麼，你們的問題並不是如何把成本降到最低，而是，如何讓你們的總裁和主席感到快樂？」

顯然我們這位想幫解決方案找到合適問題的人已經動怒了。「如果是這樣，為什麼你們還要丟給我這個問題？」

　　大約思考了三十秒之後，最資深的那位副總裁說道：「是你**說**你的電腦可以解決任何問題。我想，我們是真的希望被你說服說電腦真的可以解決我們的問題。當這座工廠一落成，你所說的我們就都知道了，不過，我們沒辦法說服上面兩位長官我們是對的。我們以為，如果是由你的電腦來告訴他們，他們也許會相信——即使他們已經不再相信**我們**。不過，現在我們終於知道，這樣還是行不通的。」

　　湯姆幾乎快要崩潰了，不過，他知道不能就此結束。「為什麼行不通？我可以用我的線性套裝程式來執行這些數據，電腦可以為你們產生一份完美的報告——甚至可以把所有的數學符號一起列印出來，這樣絕對可以說服你們的老闆。請給我一次機會試試看吧。」

　　副總裁們完全沒有理會湯姆的建議。「不，他們絕對不可能被說服，因為不管成本是多少，他們都負擔得起。而我們三位，只希望自己負責的業務可以運作得更有效率——畢竟我們還沒有為**自己**創造足夠的財富哩。」

　　現在，湯姆‧泰利斯，這個希望幫別人解決問題的人，學到了問題定義的第一堂課：

不管看起來如何，人們其實很少真正知道他們需要
的是什麼，直到你給了他們要求的那些東西。

19 佩辛絲的政治手段

　　儘管有時人們很清楚自己要的是什麼，但是對負責為解決方案找到合適問題的人來說，問題還是存在。讓我們看看另一位電腦工程師，佩辛絲・普登特（Patience Prudent）的故事。

　　在美國，某一州的州長下達了一項命令，規定所有政府部門的同仁都必須啟用他為他們採購的電腦，來協助他們的工作，畢竟當初之所以購買這些電腦，就是要藉助它們強大的運算能力。並不是**電腦**自己反對每天閒置18個小時──它們其實沒什麼意見，事實上，電腦也不能有什麼意見。不過，州政府的顧問卻認為，如果電腦有太多時間是「閒置」著，這對今年的選舉來說，並不是件好事。因為，大家並不是以電腦做了什麼事，而是以電腦花了多少時間做事來評估它們。任何問題，如果很快就被解決，那麼，鐵定不會是個重要的問題。因此，電腦在這些官僚可以控制的前提下，最好是隨時運轉著的。

　　州電腦中心的主管於是指派他旗下的程式設計師和各個部門進行聯繫。佩辛絲被分派到財務部——少數完全沒有電腦使用經驗的一個部門。部門的一位財務助理給了她一個問題——在新建道路完成時，如何把路旁的資產妥善分配給原先的資產擁有者。

　　佩辛絲原本評估，這項工作大約只需一個禮拜就可結束，不過，最後卻花了三個月都還沒完成，其中最主要是因為財務助理不斷要求一些細部的修改。佩辛絲已經筋疲力竭，也沒了耐心，她覺得，應該沒什麼好改的了，不過，財務助理還是不滿意。「這是怎麼回事？」助理高傲地問道，「妳算出來的總金額是 13,258,993.24 美金；但是，實際上真正的總金額卻是 13,258,993.25 美金！」

　　佩辛絲試著讓自己保持冷靜。「這是因為個別金額四捨五入所造成的差異。有時會誤差一分錢，有時則不會。不過不論如何，誤差都不會超過一分錢，所以，這沒什麼好大驚小怪的——不過是一千三百萬美金中的一分錢而已。」

　　「年輕的女士，讓我開始感到緊張的是妳，」財務助理打斷她。在年輕女士，尤其是**能幹的**年輕女士面前，他總是那麼地激動。「在這個州，負責幫納稅人看緊荷包的人，是**我**，不是妳。而且，**我**必須為**每一分錢**負責。」

　　財務助理那壓倒性的氣勢和語調讓佩辛絲感到有些震驚，不過，她自己也已經忍無可忍了。「好吧，如果你問我問題出在哪裏，我會說，是因為你根本不了解你的工作。如果只是為了區區一分錢，就要重寫所有的程式碼，這樣並不會幫納稅人省到什麼錢。」

　　「不要那麼激動。」財務助理非常害怕和激動的女士打交道。「法律就是這麼規定，而我必須遵守——對每一分錢都是。不管這會為妳或妳的電腦帶來什麼麻煩。」

　　感受到助理的恐懼，佩辛絲於是鼓起勇氣，繼續把事情問得更清楚一些。「等一下。那麼，你打算每年執行這支程式幾次？」

　　「年輕的女士，老實說，我根本不想執行它——除非妳先讓它可以正常運作。」

　　壓抑住內心的激動，佩辛絲努力保持外表的冷靜。「這只是為了確認——假設，我真的讓它正常運作，那麼，你一年大約會使用它幾次？」

　　「每年州政府大約會需要10次的資產估算。事實上，我自己大部分的時間都花在估算這些資產上。」

　　「我了解了，」佩辛絲打斷他的話，同時，翻了翻自己的口袋，這動作讓財務助理又更緊張了一些。當佩辛絲找到了

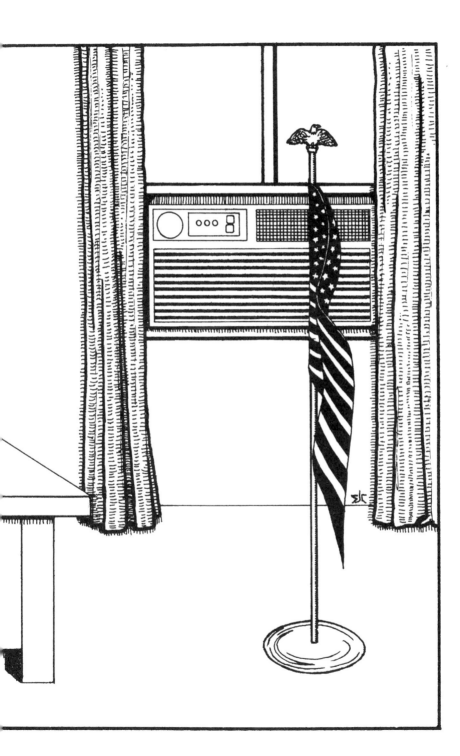

自己想找的東西，便起身準備離開。她放了一塊錢在助理的桌上並且說：「我把這一塊錢捐獻給州政府，你可以晚一點再給我收據。」就在往門外走的時候，她停了一下，並面帶微笑，以她最甜美的聲調說道：「我想，如此一來，程式就不用再改了。這一塊錢應該可以滿足未來十年的法律需求。如果這一塊錢花光了，你可以告訴我，到時候我可以再捐一次。」

當然，佩辛絲並不認為自己真的解決了財務助理的問題。嗯，她是對的。因為後來財務助理跟他的主管報告說，電腦無法提供稅務估算所需的準確性，同時這項專案已經浪費了三個月的寶貴時間，因此他決定把電腦擺到一旁。以他**真正的問題**來說，這麼做的確是對的。

不管佩辛絲是個問題解決者，或是專門為解決方案找出合適問題的人，她的努力最終還是受到了某種形式的破壞。透過這樣的過程，她學到了問題定義的第二堂課：

到了最後的分析階段，

其實沒有多少人是真的希望他們的問題被解決。

20 一項緊急任務

　　我們認識一位相當優秀的問題解決者，他曾經協助某個機構進行密碼破解的工作。由於這個機構十分特別，因此，它的名稱我們必須保密。由於他在問題解決領域已經累積了相當多的經驗及技巧——因此，他被賦予了這項「緊急」的任務。

　　任務的代號名稱是「吹牛」，目標是破解「某個歐洲小國」的外交密碼——這個小國剛好跟他的國家「結盟」。整個「吹牛」任務，最後成了耗時兩年的奧德賽之旅（譯註：奧德賽是荷馬史詩《奧德賽》的一位主角。他總共花了十年的時間才打贏特洛伊戰爭，然而，就在他回國的途中，又遭受獨眼巨人、蛇髮女妖……等的襲擊，因此，他又花了十年的時間才回到故鄉。作者藉此說明「吹牛」是一個漫長的冒險任務），尤其是前18個月，工作完全沒有任何進展。直到最後，透過仔細的統計分析，加上這世上最強大的電腦輔助，他才開始相信，對方可能是使用「書碼」——一種幾乎不可能破解的編碼技巧。

　　花了六個月的時間研究，他相信「吹牛」的編碼系統必定是參考某本推理小說。又過了兩個月，範圍縮小到某位可能的作者。最後，他在政府為間諜情報工作而設立的博物館內，找到了這本書——《貝蘿娜俱樂部的不愉快》（*The Unpleasantness at the Bellona Club*），作者是桃樂絲‧賽兒絲（Dorothy L. Sayers）。

　　他已經迫不及待想把所有的密碼解開。於是，他挑選當中最重要的一個部分，把其中毫無意義的數字對應到書的某一頁、某一行及文字上：

頁	行	單詞	這個位置上的單詞
112	25	7	二十
133	25	7	三
157	27	5	瓶
147	14	6	蘇格蘭威士忌
19	5	7	五十
32	30	2	九
192	17	4	葡萄酒

　　「二十三瓶蘇格蘭酒，五十九瓶葡萄酒……」這是一份帳單！基於好玩，他又解譯了另一則——還是一份帳單！兩天之後，他總共解譯了57則「吹牛」訊息——每一則都是帳

單！兩個禮拜之後，這位問題解決者離開了原先的「情報」
工作，轉而擔任教職。

在結束這段故事之前，我們應該再多問一個問題。這個
問題是每個問題解決者在開始認真解決**任何**問題之前，都必
須先釐清的：

我真的需要一個解決方案嗎？

雖然這個問題看起來很嚇人，不過，過去我們的確看過太多
「解決方案」不受歡迎的例子——就在它出現的那一刻。雖
然這麼說可能會讓問題解決者丟了工作，像是裁軍那一節提
到的一樣——我們也希望有其他的結局。就像「吹牛」這場
鬧劇，答案居然是如此的無關緊要，讓我們感覺到頭來是白
忙一場。

我們經常會掉入一種陷阱，當我們已經為某個問題辛
苦、努力了相當久的一段時間，以至於我們可能從來沒想過
問題真的會被我們解決——更不要說去擔心自己是否真的需
要它。相反的，有時候問題會來得又急又快，使得我們沒有
時間好好思考自己是否真的需要一個解決方案。一個連火柴
盒都買不起的窮學生，當他看著櫥窗，幻想著自己可以有一
台汽艇、或至少一盒香菸……此時如果他突然中了十萬美元

的樂透，他可能會衝動地把所有他想要的東西都買下來，不管自己是不是很容易過敏、暈船、或得到肺癌。

雖然很多問題必須立刻把它解決，不過，我們還是必須小心他人的催促。因為，在解決問題的最後階段，慌張通常會導致自己犯錯；如果是在最初的幾分鐘，慌張則會導致災難發生。在我們的日常生活，就常常可以看到「漁夫的妻子」這個寓言故事的現實案例：

有一位漁夫，在他的漁網裏發現了一個瓶子。當他把瓶子打開，一個精靈從瓶內逃了出來。他告訴漁夫說，為了報答救命之恩，他可以給他們三個願望。聽到這樣的訊息，可想而知，這對夫妻興奮得不得了。他們熬夜討論到底該許哪三個願望。他們熱烈地討論著，連晚餐都忘了吃。一直到了大約半夜三點，漁夫的妻子一邊嘆息，一邊低聲說道：「我快餓死了，真希望有一根香腸可以吃。」

噗！桌上突然冒出一根美味的香腸，不過，漁夫並不因此而感到高興。「笨女人！看妳做的好事！妳就不能聰明一點嗎？現在，我們只剩下兩個願望了。真希望那根笨香腸就掛在妳的鼻尖上。」

噗！

噗！

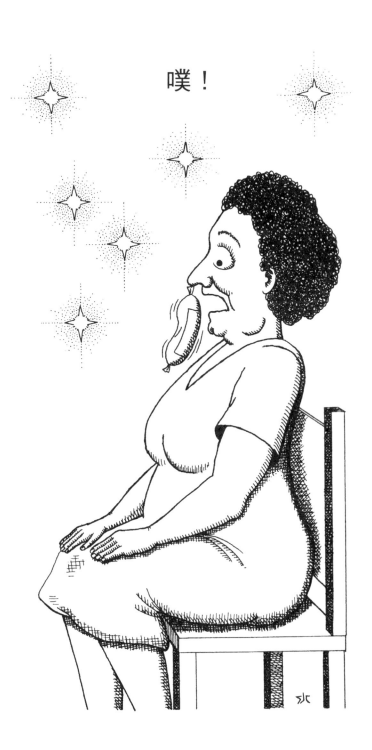

　　各位讀者，如果您們許過願，應該想得到第三個願望會是什麼。嗯，至少這對夫婦比其他同樣擁有三個願望的人——像恐怖故事「猴子們的爪子」裏的那對夫婦——的結局好些。

　　一個和問題解決有關的古老格言是這麼說的：

> **我們永遠沒有足夠時間可以把事情做對，**
> **不過，我們總有足夠時間可以把事情重做一遍。**

但是，因為我們並不是永遠有**機會**可以把事情重做一遍，所以，我們還是必須把事情做得更好一些。把這句話加以引申，那就是：

> **我們永遠沒有足夠時間思考自己是否需要它，**
> **不過，我們總有足夠的時間可以後悔。**

　　即使我們**真的**想要解決方案，我們也可能忽略了，**任何**的解決方案都有**不可避免**的副作用。比方說，自古以來，煉金術士就在尋找一種「萬能溶劑」，一種地球上沒有任何物質可以抵抗不被分解的液體。然而，就像想把銅煉成黃金一樣，到最後都是徒勞無功。何況，如果真的找到這樣的東西，你知道該用什麼容器來裝它嗎？

　　當我們的目標是尋找一種萬能的溶劑，我們就很難想到它的副作用——它會把各種盛裝它的器具給溶解掉，把地球侵蝕出一個洞來。

　　此外，我們通常把「副作用」看成是某種特殊情況的意外結果。「它們可能根本不會出現。就算出現了，我們還是可以透過修改解決方案來消滅它。」多少次，這種天真的想法把我們帶向了災難？

　　當我們想辦法將造成死亡的原因一個個消滅，為何我們又會對於老年人口不斷增加這樣的「副作用」感到驚訝？還有，當我們決定要降低嬰兒的死亡率，那麼，為何我們又會對人口增加的現象感到訝異？

　　其中，一部分的原因是——人與生俱來的**習慣——刺激重複出現，導致反應強度越來越弱**。因為習慣，使我們很容易忽略環境當中**恆久不變**的事物。雖然這簡化了我們的生活，然而，當新的事物突然出現，就會帶來很大的刺激。不過，只要它又存在一段時間，同時沒有任何威脅，就又會漸漸變成「環境」的一部分。最後，它又完全被忽略了。

魚，總是最後一個看到水的。

　　當我們思量一個問題，其中已經習慣了的部分，通常會

被忽略不考慮。直到「解決方案」突然把這些早已成為習慣的部分移除掉，我們才會感到驚訝。在薩雅吉・雷（Satajit Ray）的電影三部曲《阿普的世界》（*The World of Apu*）當中，阿普的妻子死去那一段，正好演述了這樣的景況。

當阿普得知了妻子的死訊，他把身體靠在床邊，好幾天都沒有移動。導演讓阿普動也不動，讓觀眾以為彷彿過了好幾個小時——這時候，鬧鐘的滴答聲突然**停止**了。

阿普從昏睡中突然驚醒，而觀眾——早已熟悉鬧鐘滴答聲的人——也感受到突然**寂靜**帶來的震撼。後來我們才知道，導演是故意要讓觀眾感受到阿普感受的那份震撼——當妻子的心臟不再跳動——原來妻子對他來說是那麼的重要。

就像這部電影的製片一樣，問題解決者就是身處在想像世界的一個藝術家。問題解決者在初期——真的是一開始——就必須看到別人沒有意識到的「水」——當「問題」被「解決」，這些水才會變成沙子。

後記：

　　當問題解決者埋首於問題時，還可能犯下其他的錯誤。就在你執著於解決問題的當時，你可能會忘了思考，自己是否在道德上也贊同這樣的解決方案。一個人的罪孽造就了另一個人的德行。我們敢告訴食人族，他們吃人是錯的，但是，我們卻不一定敢告訴所有讀者，殺人是錯的。儘管可能有些傷感，我們還是必須引用波羅尼爾斯（Polonius，譯註：波羅尼爾斯是莎士比亞戲劇《哈姆雷特》的一位主角）的一句話：

　　　　　「首先，要對自己真誠。」
　　　（This above all, to thine own self be true.）

　　對自己真誠的意思是，當你接觸到一個解決方案，或是定義，都必須先以道德議題為第一考量，然後才降低你的敏感度。這種考量並不是在浪費你的時間，畢竟，問題解決絕對不會是個道德中立的行動——不管這樣的想法有多麼的吸引人。

魚，總是最後一個看到水的

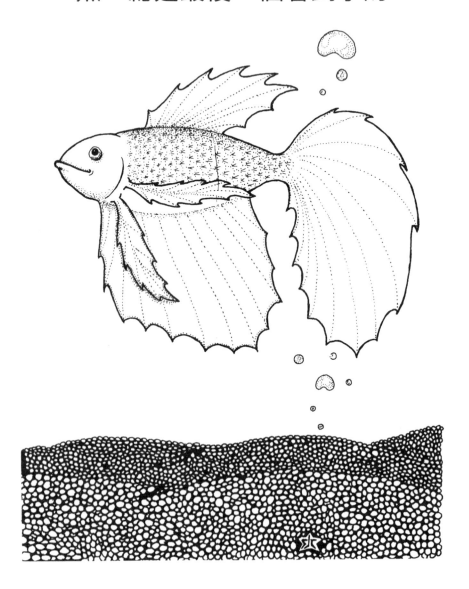

經濟新潮社 〈自由學習系列〉

書　號	書　　名	作　者	定價
QD1001	想像的力量：心智、語言、情感，解開「人」的祕密	松澤哲郎	350
QD1002	一個數學家的嘆息：如何讓孩子好奇、想學習，走進數學的美麗世界	保羅‧拉克哈特	250
QD1003	寫給孩子的邏輯思考書	苅野進、野村龍一	280
QD1004	英文寫作的魅力：十大經典準則，人人都能寫出清晰又優雅的文章	約瑟夫‧威廉斯、約瑟夫‧畢薩普	360
QD1005	這才是數學：從不知道到想知道的探索之旅	保羅‧拉克哈特	400
QD1006	阿德勒心理學講義	阿德勒	340
QD1007	給活著的我們‧致逝去的他們：東大急診醫師的人生思辨與生死手記	矢作直樹	280
QD1008	服從權威：有多少罪惡，假服從之名而行？	史丹利‧米爾格蘭	380
QD1009	口譯人生：在跨文化的交界，窺看世界的精采	長井鞠子	300
QD1010	好老師的課堂上會發生什麼事？——探索優秀教學背後的道理！	伊莉莎白‧葛林	380
QD1011	寶塚的經營美學：跨越百年的表演藝術生意經	森下信雄	320
QD1012	西方文明的崩潰：氣候變遷，人類會有怎樣的未來？	娜歐蜜‧歐蕾斯柯斯、艾瑞克‧康威	280
QD1013	逗點女王的告白：從拼字、標點符號、文法到髒話……英文，原來這麼有意思！	瑪莉‧諾里斯	380
QD1014	設計的精髓：當理性遇見感性，從科學思考工業設計架構	山中俊治	480
QD1015	時間的形狀：相對論史話	汪潔	380
QD1016	愛爺爺奶奶的方法：「照護專家」分享讓老人家開心生活的祕訣	三好春樹	320

書　號	書　　　名	作　　者	定價
QB1051	從需求到設計：如何設計出客戶想要的產品	唐納‧高斯、傑拉爾德‧溫伯格	550
QB1052C	金字塔原理：思考、寫作、解決問題的邏輯方法	芭芭拉‧明托	480
QB1053X	圖解豐田生產方式	豐田生產方式研究會	300
QB1055X	感動力	平野秀典	250
QB1058	溫伯格的軟體管理學：第一級評量（第2卷）	傑拉爾德‧溫伯格	800
QB1059C	金字塔原理Ⅱ：培養思考、寫作能力之自主訓練寶典	芭芭拉‧明托	450
QB1061	定價思考術	拉斐‧穆罕默德	320
QB1062C	發現問題的思考術	齋藤嘉則	450
QB1063	溫伯格的軟體管理學：關照全局的管理作為（第3卷）	傑拉爾德‧溫伯格	650
QB1067	從資料中挖金礦：找到你的獲利處方籤	岡嶋裕史	280
QB1068	高績效教練：有效帶人、激發潛能的教練原理與實務	約翰‧惠特默爵士	380
QB1069	領導者，該想什麼？：成為一個真正解決問題的領導者	傑拉爾德‧溫伯格	380
QB1070X	你想通了嗎？：解決問題之前，你該思考的6件事	唐納德‧高斯、傑拉爾德‧溫伯格	320
QB1071X	假說思考：培養邊做邊學的能力，讓你迅速解決問題	內田和成	360
QB1073C	策略思考的技術	齋藤嘉則	450
QB1074	敢說又能說：產生激勵、獲得認同、發揮影響的3i說話術	克里斯多佛‧威特	280
QB1075X	學會圖解的第一本書：整理思緒、解決問題的20堂課	久恆啟一	360
QB1076X	策略思考：建立自我獨特的insight，讓你發現前所未見的策略模式	御立尚資	360
QB1080	從負責到當責：我還能做些什麼，把事情做對、做好？	羅傑‧康納斯、湯姆‧史密斯	380

經濟新潮社　　　　　〈經營管理系列〉

書　號	書　　　　名	作　　者	定價
QB1082X	論點思考：找到問題的源頭，才能解決正確的問題	內田和成	360
QB1083	給設計以靈魂：當現代設計遇見傳統工藝	喜多俊之	350
QB1084	關懷的力量	米爾頓‧梅洛夫	250
QB1085	上下管理，讓你更成功！：懂部屬想什麼、老闆要什麼，勝出！	羅貝塔‧勤斯基‧瑪圖森	350
QB1086	服務可以很不一樣：讓顧客見到你就開心，服務正是一種修練	羅珊‧德西羅	320
QB1087	為什麼你不再問「為什麼？」：問「WHY？」讓問題更清楚、答案更明白	細谷 功	300
QB1089	做生意，要快狠準：讓你秒殺成交的完美提案	馬克‧喬那	280
QB1090X	獵殺巨人：十大商戰策略經典分析	史蒂芬‧丹尼	350
QB1091	溫伯格的軟體管理學：擁抱變革（第4卷）	傑拉爾德‧溫伯格	980
QB1092	改造會議的技術	宇井克己	280
QB1093	放膽做決策：一個經理人1000天的策略物語	三枝匡	350
QB1094	開放式領導：分享、參與、互動——從辦公室到塗鴉牆，善用社群的新思維	李夏琳	380
QB1095	華頓商學院的高效談判學：讓你成為最好的談判者！	理查‧謝爾	400
QB1096	麥肯錫教我的思考武器：從邏輯思考到真正解決問題	安宅和人	320
QB1097	我懂了！專案管理（全新增訂版）	約瑟夫‧希格尼	330
QB1098	CURATION策展的時代：「串聯」的資訊革命已經開始！	佐佐木俊尚	330
QB1100	Facilitation引導學：創造場域、高效溝通、討論架構化、形成共識，21世紀最重要的專業能力！	堀公俊	350
QB1101	體驗經濟時代（10週年修訂版）：人們正在追尋更多意義，更多感受	約瑟夫‧派恩、詹姆斯‧吉爾摩	420
QB1102	最極致的服務最賺錢：麗池卡登、寶格麗、迪士尼都知道，服務要有人情味，讓顧客有回家的感覺	李奧納多‧英格雷利、麥卡‧所羅門	330

書　號	書　　　名	作　　者	定價
QB1103	輕鬆成交，業務一定要會的提問技術	保羅・雀瑞	280
QB1104	不執著的生活工作術：心理醫師教我的淡定人生魔法	香山理香	250
QB1105	CQ 文化智商：全球化的人生、跨文化的職場——在地球村生活與工作的關鍵能力	大衛・湯瑪斯、克爾・印可森	360
QB1107	當責，從停止抱怨開始：克服被害者心態，才能交出成果、達成目標！	羅傑・康納斯、湯瑪斯・史密斯、克雷格・希克曼	380
QB1108	增強你的意志力：教你實現目標、抗拒誘惑的成功心理學	羅伊・鮑梅斯特、約翰・堤爾尼	350
QB1109	Big Data 大數據的獲利模式：圖解・案例・策略・實戰	城田真琴	360
QB1110	華頓商學院教你活用數字做決策	理查・蘭柏特	320
QB1111C	V 型復甦的經營：只用二年，徹底改造一家公司！	三枝匡	500
QB1112	如何衡量萬事萬物：大數據時代，做好量化決策、分析的有效方法	道格拉斯・哈伯德	480
QB1114	永不放棄：我如何打造麥當勞王國	雷・克洛克、羅伯特・安德森	350
QB1115	工程、設計與人性：為什麼成功的設計，都是從失敗開始？	亨利・波卓斯基	400
QB1117	改變世界的九大演算法：讓今日電腦無所不能的最強概念	約翰・麥考米克	360
QB1118	現在，頂尖商學院教授都在想什麼：你不知道的管理學現況與真相	入山章榮	380
QB1119	好主管一定要懂的 2×3 教練法則：每天 2 次，每次溝通 3 分鐘，員工個個變人才	伊藤守	280
QB1120	Peopleware：腦力密集產業的人才管理之道（增訂版）	湯姆・狄馬克、提摩西・李斯特	420
QB1121	創意，從無到有（中英對照×創意插圖）	楊傑美	280
QB1122	漲價的技術：提升產品價值，大膽漲價，才是生存之道	辻井啟作	320

書　號	書　　名	作　者	定價
QB1123	從自己做起，我就是力量：善用「當責」新哲學，重新定義你的生活態度	羅傑‧康納斯、湯姆‧史密斯	280
QB1124	人工智慧的未來：揭露人類思維的奧祕	雷‧庫茲威爾	500
QB1125	超高齡社會的消費行為學：掌握中高齡族群心理，洞察銀髮市場新趨勢	村田裕之	360
QB1126	【戴明管理經典】轉危為安：管理十四要點的實踐	愛德華‧戴明	680
QB1127	【戴明管理經典】新經濟學：產、官、學一體適用，回歸人性的經營哲學	愛德華‧戴明	450
QB1128	主管厚黑學：在情與理的灰色地帶，練好務實領導力	富山和彥	320
QB1129	系統思考：克服盲點、面對複雜性、見樹又見林的整體思考	唐內拉‧梅多斯	450
QB1131	了解人工智慧的第一本書：機器人和人工智慧能否取代人類？	松尾豐	360
QB1132	本田宗一郎自傳：奔馳的夢想，我的夢想	本田宗一郎	350
QB1133	BCG頂尖人才培育術：外商顧問公司讓人才發揮潛力、持續成長的祕密	木村亮示、木山聰	360
QB1134	馬自達Mazda技術魂：駕馭的感動，奔馳的祕密	宮本喜一	380
QB1135	僕人的領導思維：建立關係、堅持理念、與人性關懷的藝術	麥克斯‧帝普雷	300
QB1136	建立當責文化：從思考、行動到成果，激發員工主動改變的領導流程	羅傑‧康納斯、湯姆‧史密斯	380
QB1137	黑天鵝經營學：顛覆常識，破解商業世界的異常成功個案	井上達彥	420
QB1138	超好賣的文案銷售術：洞悉消費心理，業務行銷、社群小編、網路寫手必備的銷售寫作指南	安迪‧麥斯蘭	320

國家圖書館出版品預行編目資料

你想通了嗎？：解決問題之前，你該思考的6
件事／唐納德·高斯（Donald C. Gause）、
傑拉爾德·溫伯格（Gerald M. Weinberg）
著；蘇耿弘譯. -- 三版. -- 臺北市：經濟
新潮社出版：家庭傳媒城邦分公司發行，
2017.06
　　面；　公分. --（經營管理；70）
譯自：Are your lights on? : how to figure out
what the problem really is
ISBN　978-986-94410-6-3（平裝）

1. 思考　2. 推理

176.46　　　　　　　　　　　　106009083